目 录
CONTENTS

1 第一部分
爱·清甜

你总会遇见对的人 / 003

爱情就是一场由生到熟的游戏 / 013

遇到一个对的人又恰巧相爱有多难 / 023

你转身的时候,记得我随时都在 / 033

2 第二部分 爱·路过

一个人的日喀则 / 045
谁动了我的钥匙 / 053
等了一辈子，念了一辈子，也丢了一辈子 / 062
你的“展示型”人生，伤了谁 / 068
别人的故事 / 078
当寂寞犯了罪 / 086

3 第三部分 爱·青涩

这世间所有的相遇都是久别重逢 / 099
换购来的爱情也昂贵 / 109
胶囊房里的水晶之恋 / 118
姑娘，你真是条汉子 / 128
漂在路上的明信片 / 139
嗨，你有离婚基因吗 / 148
苏小格的治愈系男友 / 158

第四部分 爱·婚说

我的老公是个奶嘴男 / 171

换个时代玩“糟粕” / 180

当生活遭遇前任 / 190

5 第五部分 爱·远方

趁着堵车谈恋爱 / 203

幸福就是一起数星星 / 212

有些过去,根本没过去 / 222

维尼寻爱之旅:有多少漂泊的爱情等待回家 / 231

有爱的男人就是好男人 / 241

第一部分

爱·清甜

1

你总会遇见对的人

题记:爱情就像一盘菜,总想吃更新鲜的,但最用心的,一定是最好的。

清理旧笔记本电脑里的照片,在一个已经忘记的文件夹里发现了一张四毛的照片,那是我们在一起之后的第一张照片,他笑得阳光灿烂。

一

我第一次领略四毛的无厘头,是在Firstar香水餐厅。

三年前的某一天傍晚,六点五十五分,一个帅哥走进餐厅,径直来到我的面前:“嗨,是思洁小姐?我是黄小虎,对不起,来晚了。”我心如鹿撞:“不晚不晚,还差五分钟。”

无数相亲手册都告诉我，应当保持淑女风度，由他点菜。

黄小虎说一声：“好。”招手叫来侍者点菜——新西兰小龙虾、水晶山楂鹅肝配玉兰菜、野蘑菇沙拉、梦幻牛排、浮士德秘制巧克力蛋糕、romeo & Juliet……

我只好小声提醒：“喂，够多了，别浪费。”

黄小虎一脸无辜：“我不知道你喜欢吃什么，干脆一样来一份好了，反正不差这点钱。”

开胃菜上来了，黄小虎飞快地写了一张便签放到侍者的盘子里。不一会，侍者便捧着一大束鲜花过来，黄小虎接过，双手递给我：“时间仓促，这是我表达的方式，请笑纳。”

如此浪漫！我在心里笑开了花，脸上却依然保有矜持！

黄小虎双手支在下巴上：“思洁，相亲之前，我已经比较了咱们的条件，都很合拍，现在看起来，我们容貌也般配，那么，可以开始了吧。我们都是爽快人，没有那么多时间为了爱情这俩字磨磨唧唧，我很喜欢你，我们的条件也很相当。这样，我父母在美国有一栋郊区别墅，200平方，我在北京也有一套复式房子，目下在出租，不过，我期待我们可以去美国定居，我的财产……”他说着，低头开始翻自己的皮包。

我仿若受惊的小兔，是的，就是这个比喻。黄小虎翻来翻去的当儿，菜上来了，一个侍者端着托盘，猛看过去，帽子好像大了些，制服又比较瘦，可又说不上哪里不对劲。

突然,这侍者脚下似乎一滑,以迅雷不及掩耳盗铃之势冲过来,直直撞在了我们的桌子上——黄小虎身上顿时“趴”了一只虾,我手里的鲜花掉到地上,散落一地。惊恐中,目光溜到肇事侍者脸上,大吃一惊,居然是——四毛!

正低头翻找东西的黄小虎惊魂未定,愤怒的脸都要扭曲了。四毛连说:“对不起,不是故意的,”说自己愿意赔。黄小虎狠狠道:“赔,你赔得起吗? Armani,最新款秋装。你做服务生一年也未必赔得起,但是你要付出代价。现在,你去把餐厅经理叫过来。”

中年胖经理三步并作两步赶了过来，先是给黄小虎点头哈腰赔笑脸,接着就训斥起了四毛:“你是怎么做事的,没有经过培训吗?你必须赔偿顾客的全部损失,你是几号？转过头来。”

四毛忽然一把掀掉了头上的帽子，转身冲向旋转门。许多吃饭的人已经站起来看热闹,过道里都是人,四毛一路跌跌撞撞,胖经理好像被这场景吓傻了,好半天才惊呼:“保安,快叫保安抓住这个人,他不是侍者,我不认识他！”

保安门童侍者都丢下手里的差事，一窝蜂来抓他,桌子也倒了,鲜花也散了,红酒都洒了。围观的人窃窃私语,有人以为是在拍大片,有人觉得是劫匪抢店,有人惊恐,有人兴奋,惊叫连连,不断有人撞到桌子上……四毛冲到门口,像电影里的英雄一样,飞身上了他的小奇瑞,箭一般飞了出去。

二

浪漫约会无厘头收场，黄小虎怒气冲冲找餐厅经理赔偿，看来是没空搭理我，戒指也泡汤了，我只好自己回了家。半路上给四毛打电话，咆哮道：“四毛，你怎么会在这里端盘子的？”

四毛称：“为了捣乱这次相亲，我都在这里练了半个月，谁让你提前那么久就告诉我你要在这家餐厅相亲？哦……不是的，我是在体验生活来着，碰巧遇到你相亲。”

“四毛，你卑鄙无耻，你就是专门来阻止我相亲的是不是！我说过多少次，咱们不行，不行！”

四毛显得很委屈：“我喜欢我的，你拒绝你的，不冲突啊。”

我愤愤挂断了电话，回家，开门，见一束华丽的玫瑰花插在客厅的瓶子里。厨房里叮叮当当，我大怒：“四毛，你什么时候又偷配了我家钥匙？”

四毛从厨房里钻出来，围裙上挂着两片菜叶子，一脸无辜：“我没有偷配，是你爸妈非要给我的，说你是马大哈，经常忘记带钥匙。我很勉强才答应的。”

“好了，我现在回来了，你可以走了吧。”

四毛又钻回厨房：“还差一点点。另外，我撞坏了你的花，现在赔你了，在桌子上。”

我将包包使劲扔到沙发上：“路边的打折货吧？”

四毛嘿嘿笑道:“反正总要凋谢的,早一天晚一天都一样。哎,汤开了,不理你了。”

我简直没办法跟四毛在一个“频道”上混——四毛可以用四个小时煲一锅白菜豆腐汤,可以用整整半天的时间包十种馅的饺子,却不肯多花一分钟跟上司搞搞关系而争取有能力买一束新鲜的玫瑰花。

半小时后,清香自厨房溢出来,熟悉的紫砂锅被端上了桌。我僵持了一下,到底没有忍住美食的诱惑,默默地走到餐厅坐下,一边用勺子舀汤一边问:“四毛,你做的汤这么好喝,我猜是放了什么秘药,你是诱惑我上瘾好受你控制是吧?”

四毛面无表情道:“其实我在里面加了催情药,等会儿你就会以身相许意乱情迷将我当成那些海归高富帅。”

呸!我一勺汤泼到四毛身上,他也不恼:“打是疼骂是爱。”

我端起碗,他跳起来躲——我一扬脖子,喝了。如此美味还是不要浪费。四毛不高不富不帅也不浪漫,但是他有一绝——做汤鲜香美味。迄今为止,我在任何一家餐厅里都没有吃过如此美味的白菜豆腐汤。

可是,这汤再好吃,它也只是白菜豆腐,上不得席面,就像凋谢的花配不起爱情这两个字的浪漫美好芬芳。

于是我说:“四毛,爱情真的不是白菜豆腐,爱情是玫瑰花。”

四毛很受伤，低着头走了。

三

那天之后，四毛已经好几天不上门了，我一个人吃剩下的汤，吃不完就放到冰箱里，下次热一下再吃。当敲门声响起的时候，我穿着拖鞋踏踏走过去，一边走一边骂："四毛你有毛病吧，手里有钥匙还敲门。"

然后，然后黄小虎的脸和一束百合同时出现在眼前。我惊愕得嘴巴都合不拢了，结结巴巴问："你，你怎么来了？"

黄小虎说："我一定要来啊，我们的事情才开始嘛。"

如果我知道黄小虎还会再次出现在我的面前，一定不会穿着T恤牛仔开门，一定不会在餐桌上摆一大海碗白菜豆腐。可是黄小虎已经看见了，他踱过来，批评道："这道菜太素，以后不要这样委屈自己，你真的不适合吃这样的菜。思洁，我们在一起以后我会带你吃遍这个城市的所有饭店，五星的！"

我跟在他后面，顿时觉得自己的伙食粗制滥造、难以下咽，立刻便对白菜豆腐义愤填膺，将可恶而粗鄙的菜倒进了垃圾桶。

黄小虎很满意，在凌乱的沙发上找了个空隙坐下。我慌乱地收拾着，怎么光彩照人的黄小虎一进来，这小窝就变得如此狭促了？

黄小虎不愧是华尔街出身，他非常能理解人："没关系，这些事情是很烦琐的，以后这些都可以让保姆做。"

别墅，保姆，西餐，鲜花，草地……我陶醉在黄小虎给我描述的未来生活场景里。

从此，黄小虎成了我家的常客，他给我买高级橱柜和烤箱，羊毛地毯，带我吃西餐。我们进展得很快，一个礼拜后，他果然带着我去买戒指了。面对眼花缭乱的钻石，我突然有些困惑：这是我要的爱情吗？没错啊，黄小虎完美无瑕。可是，我就是犹豫了，千真万确！

黄小虎似乎看出了我的犹豫，微笑道："思洁，世界变化那么快，谁还有时间谈恋爱。现在的爱情多好，就像吃西餐，高贵，丰富，养眼，见一面，就明白，哦，奢华！我要的就是这种。对不对？"

我傻乎乎地表示同意。黄小虎总是让我崇拜，所有的理论都能上升到哲学的高度。

戒指买完，黄小虎就向我求婚了，当着商场里那么多人，他跪求道："思洁，请嫁给我吧！"

许多女孩发出了惊呼，眼睛里泪光闪闪，黄小虎太拉风了，影射得我也发出无限光芒。当我羞涩点头那一刻，人群中发出"哇"的一声欢呼，很整齐，倍儿有面子。

回家后，我给四毛打电话："四毛，祝贺我吧，我要订婚了。"

四毛出奇的平静："那，我最后再给你做一次白菜豆腐汤吧，你不是一直都想知道我在里面放了什么吗？”

于是，我像一个影子一样，第二天一大早就跟着四毛来到菜市场。他先选了金华火腿，然后是土鸡、枸杞、花生、活虾、鲜笋、蛤蜊、蘑菇、螃蟹，回到家一一清洗。我疑惑道："不是说白菜豆腐吗？”

他不言语，将这些东西放进我熟悉的紫砂锅里开慢火煮，不放任何调料和盐。四个小时候后，我都要困了，他终于关火，将所有东西都捞出来扔掉，只剩下汤，放白菜，豆腐，还有粉丝煮，熟悉的清香飘散，热气氤氲出一片温馨，还有我的泪光。

原来，这就是黄小虎的秘方——用十几道昂贵的食材，煮出一锅清汤。

其实，我很想要黄小虎那样的爱情，可是，面对四毛这一锅白菜豆腐却又实在欲罢不能。

我在四毛的房间里转了十圈，终于忍痛拨通了黄小虎的电话，傻傻地问："吃西餐的快餐爱情，和吃白菜豆腐的正餐爱情，你会选哪个？”

四

四毛说一定要给我一个特别的求婚，可是我用脚指头想也没想到他会出如此洋相。

当我出现的时候，四毛已经手持扩音器站到了大厦的顶端，扩音器挟裹着风声呼呼作响。四毛清清嗓子，拿起了扩音器,对着全世界说:“我,四毛,今天要在这里求婚!我在这里承诺,要给思洁做一辈子的白菜豆腐……”我刚要激动,一阵尖厉的警笛声打断了他的表白。

他有些茫然,回头问我:“思洁,我用大喇叭站在这儿承诺爱你犯法不?”

“不犯。”

“那警察叔叔在下面做什么?”

下面的扩音器响了,比四毛的声音还要巨大:“请天台上的人保持镇定,请保持镇定!”

四毛蒙了,伸头向下看一眼,有一部分警察在疏散人群,还有一部分在安放充气垫。四毛只好也打开手里的扩音器,对着下面喊:“警察叔叔,误会了,我今天求婚,我不会轻生的,你们回去吧。”

一个警察喊道:“你躲一边去,别添乱,我们说的是那个女的。”

我和四毛同时扭头,这一吓可非同小可,角落里一个女子正做亭亭玉立状,长发飘着,长裙也飘着,像是鬼魅。

要跳楼的是她?

他将扩音器递给我,小声说:“思洁,等我见义勇为一次,现在这个位置,我扑过去估计能把她揪下来。”

我大气都不敢出:“要小心。”

四毛慢慢向前挪着,一直挪到了女人身边,伸出手拽了她一下。女人猝不及防,被拽了一个趔趄,脱离了危险区域，底下一阵欢呼！

女人愣了一下，突然像一只开足了马力的机器般迅猛地向前冲去，撞在了四毛身上，还没有来得及离开的四毛在女人的撞击下发出一声惨叫，身体 360 度倾斜，瞬间腾空而起。在最后关头，他还喊了一声："思洁，我爱你！"然后就像一只凌空的大鸟般忽悠悠在夜空中飘落……

四毛掉到了气垫上，把脖子崴了，他成了英雄，全市都知道了这场求婚。我打算等他伤好了后就嫁给他，可没想到，在长达两个月的住院期间，被四毛救下的那个姑娘不断地出现在病房，感恩并且精心照顾他。在出院的时候，他们相爱了。

四毛对我说的最后一句话就是："爱情就像一盘菜，无论有多复杂的做法、用了多珍贵的食材，最后食客总想吃更新鲜的。"

爱情就是一场由生到熟的游戏

题记：太熟悉的人相爱，的确少了许多应有的美妙过程，但也多了些许笃定。

去参加秦露露和刘大力的婚礼，我特意问了一句："和最亲密的人谈恋爱是什么感觉？"没想到秦露露反而凑上来说："那你就写写我们这对最熟悉的人之间的爱情故事呗，免你的份子钱，造福广大青梅竹马的男女青年。"

于是，我就写了。

他们的故事从穿开裆裤时就开始了，但真正的开始是在大排档。当时，秦露露又失恋了——真的是，她经常相亲，又经常失恋。

一

夜色渐深，大排档的热闹劲儿已经过去了。刘大力催了几次，秦露露还大着舌头吼他：“就知道回家回家，大夏天谁这么早回家？你陪我喝点酒。”又对小伙计喊：“再给我来瓶啤酒，要冰啤！”

刘大力环顾左右，见人都差不多走光了，就凑过来小声地说：“你明天来大姨妈，还喝冰啤，到时候肚子疼少哭天喊地的。”

秦露露喝得懵懵懂懂的，大声说：“你大姨妈才明天来，老娘我怀孕了！”

刘大力的脸都红了，在众人幸灾乐祸的目光注视下，结账，将秦露露拎起来，半拖半抱着弄走了。秦露露还不依，一边喊着还要喝，一边用手去捶他的肩。忽然又哕起来，吐了刘大力一身。

他恨恨的，又无处躲避，一边拖着她走，一边低声骂着：“秦露露瞧你这点出息，不就失个恋嘛，至于把自己搞成这样？”

秦露露蹲在路边吐，伸出了一只手。

刘大力一边数落着，一边拉开她的包包，掏出纸巾递过去：“你真怀孕了？”

秦露露清醒一些了，回道：“我倒是想怀孕哪，也没机会啊。你是不知道，我这哪是失恋啊，我整个就是一个傻子，照顾他那么久，给他买衣服，做饭，像老妈子一样。结果呢，人家有正牌女友，闹半天我就一小三，我说刘大力，你看我长得像小三吗？我就是咽不下去这口气。”

刘大力又来拉她，并伸手招过一辆出租车：“你闭嘴吧，别在街上丢人了行不？”

到了家，秦露露很快便睡着了，刘大力将脏衣服脱了，洗了，将自己窝在沙发上——做了一天秦露露的保镖，累瘫了。

躺了一会儿，起来倒水喝，顺便进卧室看看秦露露，她正侧身睡着，胸前的扣子开了，一片白花花露出来，颇刺眼睛。

刘大力慢慢给她盖上被子，摇摇头，退出了房间。

他跟秦露露实在是太熟了，熟得见到她这个样子，只会伸手帮她系上扣子。他们是一起长大的，一起上幼儿园、小学、中学。大学分开四年，毕业后，又一起回到老家，继续在一起混。

青梅竹马的感情，比闺密还铁，就是没有情侣的感觉。

二

睡到半夜，秦露露醒了，推门来到客厅，见刘大力睡在沙发上，忙过去推他：“刘大力，我睡不着，你起来陪我喝点酒吧。”

刘大力迷迷糊糊地睁开眼睛：“你怎么起来了？”

秦露露说："进我的房间吧，陪我喝酒。"

"姑奶奶，你还喝呀，不要命了？"

"你不陪，我就自己喝。"秦露露回房里倒了两杯红酒，刘大力跟了进来，接过："我说你别喝了，不然咱们说说话？"

"你不喝我都喝掉，反正醒着也难受，不如醉一场。"

"我喝我喝。"刘大力闷头喝了一口红酒，"真苦，给我换白的吧。"

八颗糖，没情调。秦露露站起来，给他换了一小杯白酒。

八颗糖是秦露露给刘大力起的外号——有一次她带他去喝咖啡，咖啡上来了，秦露露问："刘大力，你要几颗糖？"刘大力想了一下，又端起杯子尝了一口："八颗吧，太苦了。"他说。秦露露一口咖啡喷出来，伏在桌子上大笑着。从此，没人的时候，她就笑话他是八颗糖，刘大力就嘿嘿地傻笑。他现在喝咖啡已经不会加八颗糖了，任何一种口味都需要习惯，只是，他现在也不怎么喝咖啡，不是不爱喝，是嫌太贵了。有一阵子，秦露露的工作丢了，刘大力也没有找到合适的工作，两个人像一对患难夫妻那样，一个买菜一个做饭，非常省钱。后来，他们都找到了工作，也不习惯出去了。

秦露露一杯红酒很快便见底了，她起身又倒了一杯。刘大力说："你别喝那么多酒，大晚上的，再说了，菜都没有,喝酒多苦啊。”

生活本来就是苦的嘛。谁说没有菜,你看,那月光不是菜?多好吃啊,吃也吃不完。秦露露醉了,歪到刘大力身上,用手指着窗外的月光嘎嘎笑,还让刘大力也吃一点。刘大力不吃,她端起面前的酒杯,另一只手捏开他的嘴,一下子就给灌进去了。

刘大力呛得直咳嗽,连说:“哎哎,你别这么野蛮。”

“你还没见过什么是野蛮呢!”秦露露一手勾住刘大力的腰,一踮脚,嘴唇便覆盖到了他的嘴唇上。刘大力心里轰隆一声响,好像万马奔腾,浑身的血液都倒流开来。理智是要躲开的,可是秦露露似乎有魔法,她将自己变成了胶水,牢牢粘住了他——她的嘴唇像花瓣一样芬芳柔软,一点点张开,花心里有露,刘大力只想迫切把自己变成一只蜜蜂,拼尽生命的所有力气,吮吸花瓣上的甘露和蜜汁。他眩晕了,迷糊了……

窗帘没有拉,月光走了,晨曦升上来了,刘大力醒来,惊呆了,他和秦露露像蛇一样缠到了一起。一秒钟后,刘大力像一只豹子一样跳起来。秦露露鄙夷道:“看你的样子。”

秦露露无论如何也没有想过,这辈子会跟刘大力上床,他们之间就像兄妹,似乎比兄妹还近乎,刘大力给她买卫生巾熬红糖水,她帮着他追女孩子,一次次失恋都是他陪着。

两家的家长都没有想过他们能有任何可能!

三

刘大力再也没有回来，只给秦露露发了两条信息，一条是说自己的上衣洗了挂在阳台上，让她帮忙收一下；另一条是告诉秦露露，她妈妈这个月5号过生日，提醒她别忘了。

秦露露放下手机，走到阳台帮他收衣服，那是那天她酒醉吐脏了的，刘大力已洗得一干二净。

衬衣柔软芳香，秦露露捧起来，放在唇边吻了下，犹如缠绵般。想起那天午夜，懵懵懂懂地扯下了刘大力的衣服，脸便红了。这些年他们在一起打打闹闹、搂搂抱抱，两人同时单身的时候也会牵着手出门散步冒充情侣，那感觉就像左手牵右手，从来没有过这样细微的羞涩不安，慌乱如鹿撞，这是怎么了？

中午，秦露露看完电影，不会转换回机顶盒，没办法看电视，条件反射般拿起手机，拨了刘大力的号，眼前忽然闪过那天晚上的情景，赶紧就将手机放下了。想必刘大力也是这种感觉，真该死，好好的闺密上什么床？秦露露使劲擂了一下茶几。

百无聊赖中，上网百度问："跟闺密上床之后怎么会不敢见面了？"

片刻，就有人回道："你是拉拉？"

拉你个头。秦露露心情烦乱，屋子里乱七八糟，刘大力这些天不出现，她这个懒女的房间已经快下不去脚了。怎么办？退回到之前已经不可能，那就只好尽快找一个男朋友，淡忘那天无意识的行为吧。

秦露露偷偷去相了一次亲，这次没有告诉刘大力，也没有征求他的意见。

一路上心里都是空落落的，说不上是什么原因。

对方是一个斯文的小白脸，喜欢文艺，一顿饭一直都在讲林徽因、金岳霖，秦露露在行，相谈甚欢，吃完互留了手机号码。一前一后出门，一抬头，蓦然见刘大力站在大太阳下，正在买矿泉水，他也看到她了。秦露露的笑容挂在脸上来不及收回去，好像僵住了，极不自然地打着招呼：“买东西啊？”

刘大力说：“是啊，太热了。”

两个人的笑容都尴尬在脸上了，身旁的相亲对象心领神会，小声问：“前男友？”

秦露露拉着他扭头走了：“同学。”

晚上，老妈就气急败坏地打来电话：“我说露露你长点心吧，你三姨好不容易帮你找到这么一只潜力股，你怎么搞的，人家刚才说了，你俩不合适。你25岁了，模样不漂亮工作不好家世也不怎么样，你这样见一个得罪一个，是不是想剩在家里呀？”

秦露露将话筒放远一点，等老妈发泄完了才轻轻说：“我没得罪他，可能是人家真没看上我，要不就是，他当刘大力跟我有一腿了。”

老妈更急了：“你相亲又带大力了是不是？我跟你说过多少次，你们私底下关系好是因为你们青梅竹马一起长大的，但别人可不这样认为。你们都老大不小了，离远点行不行？”

“有什么关系。”秦露露大大咧咧地说，“如果实在找不到，大不了我们俩在一起得了，互相拯救。”

“你你，你说什么？”老妈吓了一跳，“我说闺女，你俩在一起都二十多年了，要成早成了，还互相拯救，别互相坑爹就好了！”啪，电话挂了。

秦露露气呼呼地坐在沙发上，刘大力已经很久没有出现了，她最近似乎很想提到他的名字。

可是，刘大力不出现，没有人在耳边唠叨，没有人将衣服扔进洗衣机，也没有人按时带着外卖进门，她的方便面盒子都堆积成山了。她曾经稳定的生活变得一团糟。

拿起遥控器，不知道怎么捣鼓的，居然可以转换了。她将遥控器摔到沙发上，走到卫生间，转来转去，一把揪下了洗衣机和水管之间的螺丝，水珠喷涌而出。

秦露露满意地拿起手机，飞速摁下刘大力的号，好像怕自己后悔似的说：“刘大力，我的洗衣机坏了，满卫生间都是水，你快点过来。”

挂断电话，长吁了一口气。

四

秦露露躲在房间里听刘大力开门,进屋,然后进卫生间捣鼓。她关着门,衣柜开着,一件件试裙子,扭来扭去,满脸都是汗,感觉哪件衣服都不够美。

“砰砰”,刘大力来敲门了。秦露露身体一挺,好像被谁提了一下,站直,匆忙套上了一件连衣裙。

“修好了。”他说。

她的心怦怦乱跳,嘴里说:“哦,谢谢。”

顿了顿:“那我走了,客厅我收拾好了,垃圾顺手带下去。”

秦露露扑到门边:“等会儿。”

“干吗?”

“刘大力,你为什么一直没考虑过我?是不是咱们太熟了,下不了手,也发现不了对方的优点?”

刘大力:“是……是啊,那天那个男孩子不错,我……我先走了。”

“那咱们多试几次会不会好一点儿?你看人家结婚几十年的夫妻,肯定比咱俩更熟悉,难道人家都不是夫妻了?”秦露露猛然打开房门,出现在了刘大力面前。

刘大力一激灵,忙后退,脸色由白转红:“你要干吗?”

秦露露已经俯下身去,一下子噙住了刘大力的嘴唇,他的话被堵在嘴里。秦露露并不想听他说什么,现在,他们急需要适应的,是在一起做点什么!

爱情就是一场由生到熟的游戏，人家都说慢慢熟起来，而他们省略了那个过程，直达目的，不是很好吗？

刘大力挣扎了一下，就放弃了，他们的剪影在阳光下，像两条鱼。

太熟悉的人相爱，的确少了许多应有的美妙过程，但也多了些许笃定。不是吗？秦露露决定了，再也不相什么亲，她就要和眼前这个照顾自己、熟悉得就像一个人的男闺密——刘大力结婚！

因为她发现，这些天，她对刘大力真的是无比想念！

爱情本来就是一场由生到熟的游戏，但是人们总爱舍近求远，觉得风景在别处，白白浪费了许多好时光和好姻缘！

他们的故事写完了，红包也还是包了的。因为，我发自真心地祝福这对佳人。

遇到一个对的人又恰巧相爱有多难

题记：如果，不够爱，那么，不妨先短线一下；如果，还不够爱，那么，再短线一下；还不够爱，再转身吧。

相亲就像买彩票

前几年流行一个词叫作"短线爱情"，就是说不太搭配不太来电、又很安全的单身男女，为了排遣一个人的寂寞，也为了给彼此一个了解的过程，相约在第三个城市，像情侣那样度过短暂的一天或者两天，然后回到自己的城市，互不干扰。万一不成功，也不会影响到熟人圈子里的形象。

杜小西是"短线爱情"的坚决拥护者。对于她这种慢热型的女孩来说，其实我也想不到更好的方法了。

一开始，杜小西对相亲没抱太大希望，作为一个资深剩女，她已经对这类相亲饭局有了十分的免疫力，左右不过是吃一餐饭，谈两句无关痛痒的倒春寒，某明星出轨以及某电影首映。

尽管如此，她还是精心打扮了一番——穿一条波西米亚裙子，彩绘帆布鞋，吊了个马尾。

杜小西是那种很安静的女子，上班下班挤地铁，被人踩到脚都会报以微笑。不漂亮，不张扬，也没有火辣辣的好身材，属于第二眼美女。可是，这个年代，哪个男人有耐心看一个女孩子第二眼呢。

真是人生何处不相逢，没想到相亲对象居然是他！

上周末，杜小西打算买一双高跟鞋，她很久没有穿高跟鞋了。商场里人来人往，很突兀的，就看到了前男友，他臂弯上挂一个女孩子，一路上神情甜蜜。

杜小西心里咯噔一下，彼时，他们分手一个月，理由是性格不合，谁知道竟是吊上了大胸妹。眼看着那俩人就要到跟前了，杜小西心里凭空起了巨浪，涟漪一层层翻滚。不，她不能让负心男看了笑话，自己还是形单影只。

周围巡视一圈，见一西装男正低头经过，她急中生智，一把挽起他的手，附身耳语道："帮帮我！"男子大惊失色，回过头来看一眼杜小西，再顺着她的眼神儿方向一移动，有点明白了，脸上的表情慢慢平复下来。杜小西手心里都是汗，却还强撑着和前男友打招呼，满脸阳光微笑。

之后，杜小西很抱歉地对身边的男人道了谢，在他的目瞪口呆中隐入人群——她不想让陌生人看到自己的泪水。

没想到，隔了三天，他们会再次相遇在相亲的饭局。

男人一见杜小西就咧着嘴笑，自我介绍说叫胡苏，游戏软件设计师，现在看来，也有做演员的潜质，杜小西马上就红了脸。

胡苏也不是健谈的男人，平头，浓眉，大眼，一看就是那种正式单位里木讷端正的好青年。就算有了前几天的小插曲，杜小西还是略感失望。也许是因为生活太平淡了，她特别向往那种轰轰烈烈的爱情——男人要霸道一点，深情一点，为了爱情不管不顾一点。

沉浸在自己的想象里，把自己幻想成绝世美女，终于吸引到一个痴情男子来爱。那么，她愿意远离这朝九晚五、平凡如麻的日子，跟着一个男人天涯日暮，策马江湖……

“杜小姐，咖啡要凉了。”胡苏很不合时宜地打乱了她的思绪。杜小西心里很不爽，她不明白，为什么世界这么大，男人这么多，能到自己眼前的，就都是不入流的。

分别的时候，胡苏很绅士，一直把杜小西送上出租车。但是，随后他就给她的手机发来一句不合时宜的话：“大龄男女的相亲，就像买彩票，明知道中奖的概率就是零，却还忍不住一次次侥幸一试……想必你也是……”

杜小西这个气呀，这不是明摆着没看上她吗？于是直接关机，短信都没有回。

不如我们尝试下短线爱情

本以为就此无涉，她坐她的地铁，他坐他的公交。继续相亲，像买彩票一样，每次都怀着侥幸会中奖的心情，每次都失望而归。

周末，杜小西懒洋洋不愿起床，趴在枕头上逛微博。胡苏却来了电话，杜小西盯着屏幕上那个号码，犹豫着要不要接——可还是接了，这个周末，也许会重复上一个周末的无聊，也许会带来一些不一样。

胡苏在电话里说："杜小西，干吗呢？"

杜小西反问："你有事？"

胡苏犹豫了一下，扯了一把天气，终于转到了正题："我们都是单身，工作相仿，年龄相仿，只是互相没看上，又都是大好青年，不如我们来次短线爱情吧……"

杜小西很愤怒地挂断了电话。他有什么了不起，居然跑来和她玩什么短线爱情！

胡苏没有再打过来，半小时后，杜小西的手机上进来一条信息，又是胡苏。

"下午两点，我来接你，目的地：N城。请马上梳妆打扮。"

什么人啊，杜小西嘀咕，但还是不自觉地开始了洗澡换衣服。说起来，N城风景不错，正是五月花香烂漫时，再说了，那个胡苏也不难看，不是英雄，可也不是狗熊啊，不谈情说爱,打发一下无聊的周末也是很好的。

胡苏两点果然出现,开了单位的车,车上带了零食水果饮料——没看出来,他还是蛮细心的。他很绅士地帮杜小西拉车门,取饮料,杜小西也不客气:“我说胡公子,从现在开始,我们就是短线情侣了,你要做到,保护我,照顾我,容忍我,打不还手骂不还口,尽快进入角色。”

胡苏说:“二十一世纪,没有一见钟情,我们只好日久生情了。但愿我们的短线爱情能够产生长线收益。”

杜小西在心里直撇嘴:这怎么可能,你又不是英雄!但是她没有言语,因为这一路上的景色太美了,绿树未成荫,却也脆嫩可爱,花草摇曳,暖风融融。要说好景致,也是需要分享才有乐趣的,一个人,看花都不香。

那天的行程很快乐,他们停在了一处果园,桃花开得盛,漫天都是花瓣雨,美得不像话。杜小西好久都没这么兴奋了,在花海里旋转个不停,一二三,茄子,嘴巴都笑得痛了。而胡苏呢,则负责拍照。

玩累了,俩人坐在树底下吃东西,胡苏给杜小西开饮料瓶、削水果皮,杜小西呢,懒洋洋地坐在阳光下,靠在胡苏的背上,俩人极像一对真正的情侣。

杜小西有了片刻的恍惚,如果不是眼前的胡苏和自己心中的爱人相差比较远,也许真的可以试试的。

胡苏好像看穿了她的心事,说:“我不是没有看上你,我是觉得,现在短线爱情比较流行,咱们何不尝试一把?

权当是周末旅行了。再说了，多一个了解的机会，也多一份希望不是吗？”

你知道《昨日之旅》吗？

从N城回来后，日子依旧，杜小西耳朵里塞着耳机，挤地铁，朝九晚五，下班就回家，没有约会，也没有爱情。胡苏没有电话，也没有相约，只是偶尔短信，不疼不痒。

有几次，杜小西拿起电话，想打给胡苏，那天的短线爱情之旅其实给她留下了很好的印象。他工作努力，为人也踏实，喜欢安安静静看书。可是，她搞不清楚胡苏的真实想法，更要命的是，她也搞不清楚自己的想法。说真的，胡苏不是她的菜，可是，他也并不招人讨厌。

说到底，所谓短线爱情，那一天，他们是情侣，是在梦中，第三地，和自己的生活无关，一旦回到熟悉的生活轨道，便也消失了。

母亲节，杜小西起了个大早，给老妈买礼物，刚出门，手机便响了，胡苏很欢快的声音传过来：“美女，我找到了一个好地方，100里车程，风景优美，还有农家院，我们再去短线一下如何？”

杜小西忽然有些跃跃欲试，凭什么胡苏看不上她，她杜小西站出来，虽然不是闭月羞花，好歹也是外表清秀、内心内秀的小白领一枚啊，不信胡苏就爱不上她！

本来没打算住的，可是玩得太晚。后来杜小西才知道，胡苏其实早就定好了房间,他一间她一间,在领钥匙的时候,胖胖的店主大嫂眼角眉梢都是笑,大概觉得他们很好笑——一对情侣还开两间房。

晚上,星光很灿烂,他们在河边散步,月光拖长了两条影子。胡苏给杜小西讲故事,说茨威格有一本小说,叫作《昨日之旅》,讲一对热恋的情侣忽然间被一场战争分开,在日日期盼中,终于盼到了重聚的那一天。然后,他们为了躲开各自的生活圈子,约在了另一个城市相见……不知道,这是不是最早的短线爱情。杜小西接他的话:"荒僻冰冷的苍老园庭,小径上两个身影窃窃前行……荒僻冰冷的苍老园庭,一堆幽灵在追忆往昔。你可曾记起旧日欢愉?"

胡苏很惊讶,你看过啊,还会背啊……正当杜小西打算施展挖苦讽刺神功,说这本书讲的根本就是相守在爱情中的重要作用,而不是什么短线爱情的时候,肩头上突然一沉,一个身影飞一样冲过去,她这才反应过来,是包包被抢了!

杜小西大喊救命,以为胡苏会勇猛地冲上去,可是胡苏却非常豪爽地说了一句:"真猖狂,算了,别难过,我的卡还在。"

杜小西甩开胡苏的手,打算自己去追,但胡苏反而上前来拉她,说陌生的地方,不了解情况,太危险了。拖拖拉拉,贼已经没了影儿。

半夜,睡不着,推开阳台的门去看夜色,郊区的夜,黑得很深沉，胡苏也没睡，隔着阳台的小矮墙，伸过头来说："杜小西，如果我们都没有找到合适的那个人，不如我们一直把短线爱情继续下去。"然后他扔过来一个包，杜小西大喜过望，是自己被抢走的包包。只是钱丢了，其他的一切都在，还多了一张银色的卡，卡上贴了双面胶，有一串数字。

胡苏轻描淡写："把你送回来，我就赶紧出去找，这种贼，一般只是要钱……你不知道，那个时候去追，真的会很危险的，谁知道他们有几个人。"

杜小西心里暖了一把，怨恨飞跑了。

一天的爱情根本不是爱情

胡苏似乎对这样的短线爱情上瘾了，几乎每个周末都会约了杜小西出去玩，他会在车子里给她买一个羊毛毯子，因为杜小西喜欢光脚；他还知道了她的许多喜好，喜欢吃的零食，喜欢喝的饮料，他还吻过她的额头、嘴唇。可是，他就是没有说过爱她，甚至，平常的日子他也从来不约她。

眼看着天气便热起来，杜小西第一次和胡苏相遇的时候还穿大外套，现在已经穿蕾丝裙了，她决定这个周末不再响应胡苏的号召去郊游继续什么短线爱情，她要继续相亲。

相亲地点在茶座，对面的帅哥很养眼。胡苏短信一个接一个，杜小西回："在相亲，不去了。一天的爱情，就是止痛片，我们不要再自欺欺人。"

胡苏问:“在哪里相亲？”

杜小西想了想,打开视频,悄悄放给他看。

胡苏没再说话,半个小时后,气喘吁吁地出现在了杜小西面前。

杜小西吓了一跳,他们也算认识几个月了,可她从来没见过他这个样子。一起吓一跳的,还有对面的帅哥。胡苏说:“杜小西,你不够意思,就算我们吵了架,你也不能来相亲啊。”

杜小西急了:“谁跟你吵架,我跟你有什么关系吗？”

胡苏说:“我们经常出去旅行,难道不算吗？”

胡苏:“别闹了,我道歉。”又对对面的帅哥道歉:“对不起,我女朋友,赌气呢。”

杜小西大叫:“胡苏你太过分,谁是你女朋友！”

胡苏:“你别不承认,我,我,我是很爱你的！”

对面的帅哥忽然哈哈大笑起来:“杜小西,今天饶了你们俩,改天请我吃饭。”

杜小西追在后面大叫:“表哥,别走,我跟你一起……”可是她的胳膊被胡苏死死拉住了:“你是说,那是你表哥?！”

当然,对于胡苏这样温吞的人来说,如果没有一个强烈的刺激,他都不了解自己潜在的感情。

对于杜小西来说,虽然没有遇到心目中的英雄,可是胡苏也不错，他安稳，踏实，保险系数高，过日子的潜质非常明显。最重要的是，他第一次吻她嘴唇的时候竟然在微微颤抖。

短线爱情，也能带来长线收益，胡苏说得对，万事没有绝对，这个世道，不是没有好男人和好女人，是我们否定的速度太快，错失了不少机会。比如，如果不再相约，她不会知道他也爱看茨威格，不知道他也喜欢大自然，不知道他出门的时候喜欢握住她的手……

后来，杜小西在QQ的签名上写道："如果，不够爱，那么，不妨先短线一下；如果，还不够爱，那么，再短线一下；还不够爱，再转身吧。"

我给她回复了一个字："耶！"

你转身的时候，记得我随时都在

题记：在爱情中，如果害怕选择，不是两个人都太好，而是，没有哪一个更爱你。

中轴线之恋

筱莜和景坤的爱情，大多数都是在故宫里谈出来的，所以我对他们的爱情一直印象很深刻。当新鲜的爱情和古老的宫殿交融，我想象不出那是一种怎样的浪漫。

在他们的婚礼上，我还特地问过，后来去故宫的时候会不由得想到他们，他们的脚印和许多年前的那些脚印重叠在一起，他们的爱情也同深宫中的爱情融合在了一起。

厚重的历史感，真好。年轻而无忧虑的爱情，真好。

他们的爱情，具体一点说就是在故宫的中轴线上建立起来的。景坤毕业于土木工程系，一心想做个一流建筑家，并且疯狂迷恋着故宫。这迷恋就像一个喜欢文字的人疯狂迷恋托尔斯泰、学音乐的人迷恋肖邦，完全是痴迷的聆听状态，尽管知道自己永远也不会企及。

景坤的大部分休息日都是在故宫里度过的，筱莜像个小尾巴，穿着小裙子跟在后面，手里提着零食和水，逛饿了，就头对头吃东西，喝一瓶水，然后偷偷躲到茂密的龙爪槐下亲吻，犹如两个淘气的孩子。景坤拍照，测量，棒球帽斜扣在脑袋上，两只眼睛眯着成一条线，阳光在脸上跳跃成欢快的花朵。可是筱莜不喜欢将脚步停留在无趣的中轴线上，都是一样的门和屋子。所以，景坤在中轴线上流连的时候，她总是会跑到后宫里去，为那些深宫大院里的美人凭空伤怀；或者就在御花园里找个位置坐了，看修竹婆娑，看花影轻移。有时候，当景坤沉浸在太和殿或者永和殿的威武之中时，筱莜早就跑到漱芳斋，想象着这里是不是真的住过两个来自民间的格格，她们又过着怎样的生活。

熙熙攘攘的世界各地游人忙着拍照留念，宛如一层层堆积的坏情绪。

是的，坏情绪。

筱莜是欢喜的，她 19 岁起就爱上了景坤。跟爱的人在一起，怎样都是欢喜的。虽然她从小就长在北京，就生活在故宫的边上，可是，真正完完全全在这里走过是不曾有的，故宫太大了，大到一天的时间根本就不可能走遍。那些旧屋与旧物，连同故事，被时光一件件包裹，很有些神秘的力量。可是，久了难免会倦怠。筱莜是个时尚浪漫的都市女子，整日跌在旧时光里慢慢就成了一种折磨。

筱莜是学文的，满脑子浪漫奇妙的想法。比如说，她想让景坤给自己一个童话般的婚礼，有南瓜马车和水晶鞋那种，还有就是，希望约会的时候能够享受纯粹的二人世界，而不是在游人如织的开放景点抢镜头，并一遍遍在中轴线上流连。

这些，景坤浑然不觉。景坤痴迷故宫里的中轴线，而筱莜则痴迷景坤，所以，她甘愿放弃自己那些小女儿的浪漫的想法，跟景坤留恋在中轴线上，乐此不疲。

筱莜和优优

当新来的策划部经理徐子淇第一次在办公室中央喊“优优”的时候，大家都笑翻了，从各自的格子间里伸出脑袋来对徐子淇表示出鄙视。徐子淇脸不红心不跳，定定地看着筱莜的名字，然后将目光锁定在筱莜的脸上：“优优就优优嘛，我看她更像个尤物呢!”筱莜倒在他的盯视下红了脸。叫错她的名字，徐子淇不是第一个，当然也不是最后一个。怪只怪这两个字太相像了。于是，筱莜制止了大家：“我的名字一般人都会叫错嘛！”徐子淇将修改好的策划书放到筱莜桌子上,深深地看了她一眼。这一眼让筱莜无端的心惊肉跳,徐子淇长着一双桃花眼,五官棱角分明,穿一袭黑衣,筱莜瞄了瞄衬衣的牌子:"阿玛尼!"

后来的几天,徐子淇开始在公司的群里开个私聊窗口同筱莜说话,都是一些幽默笑话之类。筱莜回一句:"你的口才很好呢。"他马上回:"我的舌功才厉害!"筱莜在这样的挑逗下红了脸,盯着屏幕半天没有回话。徐子淇回:"你想到哪里去了?我的意思是说我的口才很好……"类似的聊天次数多了,再见面的时候,空气里就开始流淌着暧昧。徐子淇幽默挺拔,又有海归身份、良好家世垫底,很是倜傥风流,是很吸引女孩子目光的那种。

那天,徐子淇又开了私聊窗口,给正在埋头工作的筱莜发去一行字:"晚上一起吃饭!"

筱莜犹豫了下,打过去一行字:"我有男朋友的。"徐子淇回:"下午五点,我在单位门口等你。"

筱莜在办公室里坐到天快黑了,一个人对着电脑屏幕便假意忙碌,而心里早就乱如麻了,这个约会像个粉红色的陷阱,诱惑和危险并存。正在发愣的时候,徐子淇已经推门走进来,将身子抵在筱莜的桌子前,空间一下子局促得要命,筱莜好像一下子回到了青涩的少女时代,脸上腾一下便烧起来了,听徐子淇说:"吃个饭有这么困难吗?优优!"

那一瞬间,她心里忽然涌上了对景坤的怨恨。是的,景坤撇下她一个人奔赴凤凰去了。这场爱情从一开始,好像就是自己在使劲,而景坤只是个爱情的承受者,她跟着他,他就说说笑笑;她不跟着他,他也无所谓。

一定是鬼使神差了。筱莜想。她居然就这样被徐子淇拉着手送进了车子里。然后,徐子淇不经意地问:“吃法国菜还是韩国料理?”

我们不在一条中轴线

筱莜也难免虚荣,第一次约会,徐子淇就买了 Dior 手镯相赠——谢霆锋曾送张柏芝的那款,这让她心中涟漪顿起。虽然最终拒绝了。

景坤丝毫没有感受到威胁,一如既往地拍中轴,将筱莜搂在胳膊下,用左手揉乱她的头发,然后他的手就突然停住了:“筱莜,你什么时候烫了头发?”

筱莜白了他一眼,转过身去:“是不是哪天我换了工作、换了男朋友你也不会知道啊!”

“哪能呢。”景坤说,“你不是一向卖身不卖艺。”

筱莜试着跟景坤说,公司里新来的帅主管好像对她有意思。景坤说:“算了吧,玩女孩子那点小把戏,我看得穿。”筱莜心里掠过浅浅的惆怅,景坤那个不羁的样子真酷,她有时候真不明白,自己为什么会这样喜欢他。

就这样照例谈不咸不淡的恋爱,约会约在故宫或者是西山林徽因和梁思成无数次去考证的地方,穿着牛仔裤旧衬衫,弄得好像是考古人员。

然后，回家洗洗睡。

而徐子淇却以掠夺的架势开始了对筱莜的追逐，约会，吃饭，兜风……发乎情却也止乎礼，这跟筱莜的坚持有关，尽管，心早就开始动摇。

那天是筱莜的生日，景坤去了安徽古镇没有赶回来，徐子淇给筱莜庆祝，然后送她回家，徐子淇居然像个情窦初开的小男孩一样半路返回来敲筱莜的门。筱莜从洗澡间冲出来，围了条大浴巾来开门，结果一把就跌到了徐子淇的怀里，他拢住她说："我爱上你了！"筱莜在他深潭似的眸子里所有的防御"哗啦"一下便坍塌，成了丢盔弃甲的俘虏。

雪肌冷，玉容真，红男绿女，只羡鸳鸯不羡仙。

情到高处，筱莜眼前突然闪过景坤的脸，一下子就索然了，呜呜哭出声来，有委屈，有愧疚，还有莫名的情愫——到底是良家女子。徐子淇不得不压抑着欲望。窗外月光如水，结果两个人看了半夜的白月光。真真辜负良宵，徐子淇临走的时候说。在筱莜纤细的锁骨上抚了一把，筱莜心里腾起了一股火。

第二天，景坤在凤凰打来电话说自己遭遇小偷，卡和身份证还有钱都没了，要筱莜赶快去救急。筱莜二话没说，请了假便赶到凤凰去，见景坤头发乱乱，衣服脏兮兮的待在小旅馆里，筱莜从包里拿出一叠钱摁到他手里。景坤见筱莜这么快就来了，兴奋莫名，转身找了照片和图纸来向筱莜展示："我发现这些古建筑和故宫的相同之处了。"

筱莜说:“是不是又是中轴线!我们俩的中轴线是不对称的,你看你只喜欢故宫的建筑,而我喜欢的是那些故事,所以,我们分手吧。”说完了就转头离去,仿佛一块石头落了地。景坤一直在后面喊着什么,但是筱莜却没有听见。

狼狈的求婚

景坤从凤凰回来后,一直在找机会接近筱莜,可是他的机会都被徐子淇给占得满满的了,他们一起上班下班,逛街,出去吃东西,手拉手,亲密无间。景坤给筱莜打电话、发短信,一概得不到回应。他像个小男生,站在筱莜家楼下,拦截徐子淇问:“你可以给筱莜幸福吗?”徐子淇嗤之以鼻:“我给不给得了筱莜幸福,当然要去问她了。”

“那么,你见过筱莜20岁的笑容吗?你知不知道她喜欢要一个童话般的婚礼……”

徐子淇瞪着景坤半分钟,说:“我知道为什么筱莜会淘汰你了!”然后潇洒地打开车门,一溜烟尘,绝尘而去。

景坤呆呆地站在原地,拼命捏紧了裤子口袋。他还是喜欢在裤子口袋里装东西,站在楼上观望的筱莜轻轻叹了一口气,心里有股莫名的酸楚。也许,相处久了的情侣就像长久了的树,对了,就像故宫御花园里那棵著名的夫妻树,长着长着,根就连在一起了,丝丝缕缕,再也不可分割。

可是筱莜不知道该怎样面对,她害怕选择。徐子淇给的爱情那么美,甚至是奢侈,日日流淌的都是花香。

筱莜想，如果结婚，一定要选徐子淇，景坤不算不优秀，可要谈起爱情来就比不得徐子淇了。做男人手心里的公主，女人的心念无非如此啊。徐子淇会一路将她背到五楼，亦会买不菲的礼物。可是，景坤只会在任何一个休息日把约会地点定在故宫的中轴线上。

那天，本来也是个平常的周末，徐子淇携了筱莜到西单购物，一路逛着，进了一家新开张的大商场，到三楼的服装部试衣服。人群突然骚乱，有人大喊着火啦，拼命向下跑，电梯停住了，人群蜂拥着推搡挤压，筱莜将试了一半的衣服丢下披上衣服就跑，浓烟已经滚滚袭来，一旁的徐子淇疯狂地喊了几声优优，便顺着人流不见了。慌忙着，筱莜纤细的水晶鞋跟断成两截，她崴了脚，蹲在地上起不来，就见一个人影从服装架子后面冲过来，背起她向下跑。筱莜伏在宽阔的背上，一路踉跄着冲下楼，来到了外面的广场上。人群惊魂未定，筱莜转头打量，才发现背自己下楼的居然是景坤！

“你怎么在这里的？”筱莜问。

“我一直在跟着你。其实……我就是想找个机会跟你说对不起……才跟踪你的！”景坤眨巴着小眼睛解释，“其实，你误会我了……”

看筱莜脚疼得龇牙咧嘴，急忙住嘴，将她扶到石凳下坐好，脱下鞋来给她揉脚。

“喂，你那个帅哥呢？”看筱莜疼痛稍减，景坤便眨着眼睛问。

筱莜这才想起自己的“护花使者”来，却遍寻不见。景坤趁势从口袋里掏出一把亮晶晶的银饰：“这是我在凤凰专门给你挑的生日礼物，结果使劲叫你都不要。这里，还有一枚戒指。”说着，在众人面前单膝跪到了地上：“筱莜，嫁给我吧！爱情就是中轴线，左边是爱，右边也是爱，我们的青春是连在一起的，所以两边对称，会有好的结果和未来。我以后保证多多陪你，少去拍中轴线！事实证明，你那个帅哥是不可靠的。”

筱莜抬起眼睛，将泪水忍回去，努力搜寻徐子淇的影子，依然无果。一阵心酸委屈袭来，她靠在景坤肩膀上将脸埋了起来：“今天不是周末吗，怎么不去拍你的中轴线？”

景坤向前靠了靠：“没有你在身边，中轴线有什么意思。我是说，跟爱的人在一起，去做喜爱的事才有趣。”

“那明天带我去看夫妻树？”

“哪里有夫妻树？”

“傻瓜，亏你天天去故宫，不知道御花园里的夫妻树！”

这时，广场上的广播从四面八方弥漫过来：“本商场火灾演习到此结束……”

在爱情中，有时候我们会犹豫，会陷入艰难的选择。后来筱莜告诉我：“如果在一段爱情中害怕选择，逃避选择，不是两个人都太好，而是，没有哪一个更爱你。或者说，你更爱哪一个。”

第二部分
爱·路过

一个人的日喀则

题记：有人说，在西藏的路上行走，千万不要回头，因为一回头，你就会看到真相。

一个人的日喀则

来日喀则是我的梦想之一，所以，我就来了。在告别一场爱情之后，拖着疲惫而略犹豫的一颗心。

我每日都会趴在客栈的雕花木窗上，看对面民居门额和房檐上的彩绘。

日喀则的早晨来得迟，空气清冽爽净。我没想到这儿的阳光会这样透彻，果真有着穿透人心的力量。心思无定，目光就漫无边际。所以，就看到了背着旅行包大步走进来的安貅。从二楼的窗口看下去，他的影子空而寥落。很突兀地，他抬起头来，对着我笑了一下，雪白的牙齿在阳光里一闪。他说："嗨，美女，我叫安猕！"

我不想理会任何人，所以，僵着脸关上了窗子。很小的时候我就知道，陌生人都是同危险挂钩的，他会偷走你的人，或者偷走你的心，尤其是有着好看笑容的陌生人！

晚上，安猕却拎着酒瓶子来找我喝酒。他大大咧咧地说："一看你就是内地人，一个人在日喀则是会寂寞的，不如我们一起喝一杯？"

语气是征询，口气却不容拒绝。他自顾自将手里的酒放到窗前的木桌上，捻两个木碗，哗啦啦倒上酒，酒碗里顷刻便印上了一枚晃晃悠悠的湿月亮。我本来想将他赶出屋子的，却鬼使神差地坐了下来。

迟子建在《世上所有的夜晚》里写道，一个女人，为了寻找死去的魔术师丈夫的味道和记忆，孤身走过了这世上的许多个夜晚，女人不停地喝酒，在所有的故事里，在所有的夜晚。酒，真是个好东西。能忘记一切，也能记起一切。

小说里的女人最后终于得到解脱，接受丈夫死去的事实，回归到了红尘中。

我希望我也会，尽管我不曾有过一个死去的丈夫，却拥有一段记忆，我来日喀则不是为了寻找和忘记，而是为了记忆。

无论目的是什么，酒会帮我。

一个人的日喀则，第一晚，一个来自内地的笑容干净的男人陪我喝了一晚上酒。最后我有点醉了,他指着我笑道:“一看,你就是个有故事的女人!”我也笑:“一看,你就是个苍白的男人,想在这种地方找艳遇,这个地方太干净了,不合适。”

城市的灯光是一份份的

很久以前,我就知道自己有一副好皮相。因为成年的我,总是不停地遭遇男人的殷勤和骚扰。他们用各种各样的方法幻想着进入你的心,玫瑰铺成心形,首饰买水晶……可是我却爱上了一个有着干净笑容的男人,他站在万人中央向我笑,于是我就身心沦陷,一心扑到了他建造起来的爱情阁楼中。

他是韩淼,一个有着忧郁气质的画家。我说:“你的画有诗的味道呢。”他就回过头来,将目光锁定到了我的身上。我迎着他的目光,毫不畏惧地和他的目光缠绕在了一起。然后,他就笑了:“你叫什么名字?”

韩淼不是个安分的男人,他带着我到处走,到处画画。我们的第一站便是日喀则。这之前韩淼是去过日喀则的,可是他捧着我的脸说:我们要一起去日喀则,你是个特别的女人,唯一一个让我愿意带着去日喀则的女人。我要带你到扎什伦布寺,那里,可以求到真正的地老天荒!

我昂着脸望着韩淼嚅动的嘴唇,看到地老天荒这个词儿从他的嘴里蹦出来的时候,缓缓开成了一朵花。我迎着芬芳就送上了花瓣般鲜艳的嘴唇，于是韩淼的舌头像一阵风似的卷进我的嘴里来，带着爱情的火热和迷醉，勾、缠、绕、卷……花影缭绕。

我以为这就是地老天荒了。

而又一次站到日喀则透彻的阳光下，我才明白，这世上哪有什么地老天荒，老的是时光，荒的是爱情。天永远都不会老，地也永远都不会荒。

扎什伦布寺的地老天荒

安猕说："我们去老城的扎什伦布寺拜一拜吧？"我的心像被刺痛了般，眼前的阳光碎了一地。安猕有些奇怪，来到日喀则的人，会不去扎什伦布？我说："当然要去。"安猕是个好伙伴，这些日子，他每天晚上都会找我喝酒，然后我们去逛老城，青石板路回响着两个人的脚步声，很笃定。夜风大了，他会将外套披在我身上，路过沟坎的时候会拉着我的手。有一次在月光下，他在我的额头上印了一个吻痕，清浅温和，然后他又突然变得不好意思起来："对 sorry，你不知道你在月光下的样子有多美。"我知道，因为韩淼说过。可是韩淼不会轻轻印上一个吻，他会将我抱起来冲进屋子去，洒下一路女人香。

扎什伦布是一个诱惑。不是因为它的神秘，而是因为，它矗立在红尘之外。

我穿了大红印染长裙，披了大披肩，随着安猕走在老城区,这里是真正的藏民居住的地方,廊檐彩绘,空气里都是酥油茶浓重的甜香。扎什伦布坐落在老城区,到处都是斑驳的时光痕迹,是历世班禅的主持寺院。3600余间房舍,依次递接,逶迤蜿蜒。据说,在这里可以求祈到地老天荒。安猍说:“很灵的。”然后他就拜下去,是刚学来的姿势吧,僵硬而呆板,可目光却是虔诚的。

一个人来求地老天荒,就像是一个笑话。我站在阳光里,看面前的安猍,一次次拜下去,双手举过头顶。

泪水凝结在眸子里,却拼了命盈在睫毛上。三年前韩淼就是在这个位置上拜下去的。如今,他怀里抱着的,该是另一份地老天荒了吧。

“你拜啊。”安猍说,“祈求你和你的爱,地老天荒。”

我说:“你滚开,不要拜了。神不会管这些破事的。”然后我就冲出大殿去,在阳光里乱跑,裙子宽大的下摆飞起来,卷起无数伤心和委屈。

几天前,我也是这样从韩淼的屋子里冲出去,在夜的街上乱跑——因为,他的床上睡了另一个女人!当那个女人因受了惊吓而跳起来的时候,我看见了一道刺眼的白光,她是那样白,像一件晶莹剔透的玉器。

就是那天,我在街上走啊走,我发现城市的灯光是一份一份的,城市的窗户也是一份一份的。可是,属于我的那一份,没有了!心凉了,灯光也就跟着寒了。于是,第二天早上,我就买了机票,一个人来到日喀则。

有时候温暖也是假的

回到客栈，开始坐在窗前喝酒，酒喝光了，月亮就爬上来了。远处有柔软优美的“夏尔巴”乐曲，经了风送过来，安定，入心。

安貅追过来，他说你不能这样，你这是逃避，你要勇敢一点，将爱情追回来。自从我半醉着将自己的故事讲给他听后，他就天天劝我回去夺爱。

我借了醉，大声说：“安貅，要不然我们相爱好不好？就在日喀则，这里的爱情是爱情的样子，干净，还透明。”

安貅不说话了。他手里好像永远都拎着酒，琥珀色的液体冲进木碗里，黯淡得像城市的天空。安貅说：“不可以，我有爱人的。她只不过现在迷失了，不过她总会回来的。她是一个模特，有着让人惊艳的美。”然后他看看我，“她跟你不一样，你像水莲花，而她则像罂粟。罂粟你知道吧，就是绝美的姿色加有毒的植物，就像塞壬的歌声，你明明知道她是有毒的，却还要拼命往上靠。所以，我一定会回去的。”

“你回去，我请求你也回去。将自己的爱抢回来。”安貅喝光了碗里的酒。我觉得他是醉了，他的爱人不是我。所以，我回去，他依然是伤心。他应该跟那个绝色的女子去说：“你回来！”

所以我说不。我要留在这里。

这里的夜色这么清明，不适合回想，只要享受就好了。

安猕愣了愣，突然就挟裹上来了："那么，让我们试着相爱？"他的舌绵软纤长，毫无力度，但是，很温暖。他的唇有着日喀则特有的凉爽。指尖却温热，掠过我的脸的时候，我想我的脸可能是冰冻太久了，一下子就被他的手的温度给化开了，旖旎出万种风情来，红裙子落到地上，开成一朵妖艳的花。安猕的怀抱无比温软，不着半缕衣帛，也依然有阳光的味道。那一夜，我踏踏实实睡在一个怀抱里，梦里都是花开。

醒来时，安猕已经走了。

我还弯曲着的身体，因他的离去而空了。

有时候寻爱的过程会邂逅爱，有时候温暖也是假的。我又流了眼泪，因为确定，这份温暖是爱。也因为，这爱，依然会流走。

永远的日喀则

我用所有的积蓄在日喀则的扎什伦布旁边盘下了一家客店。每日看着来来往往的人们进去拜谒，求祈，向神讨要一份地老天荒。如果神灵验的话，就会将地老天荒送到面前来。

我好像完全忘记了韩森的样子，唯一的记忆，就是那一道刺眼的白，和城市一份份的灯光。但是我会喝酒，两只木碗，一瓶酒，就着月光，慢慢喝，眼前会出现一个男人好看的轮廓，他的指尖都带着温暖，尽管这温暖，是假的。

如果真要爱情，这里是最干净的一片土，空气中没有尘埃，天空不会阴郁。

后来，安貅给我写了一封信，是那种古老的信纸，蓝色的钢笔字。他说："有那么片刻的恍惚，我会觉得我们之间有过爱情。可是，温暖也可能是假的。你虽然没有勇气回来夺爱，却愿意永远待在那个地方想念他。所以，我一个人退回来了，也找了俗世的女子。常常想，如果那时你回来，我们也许能相爱的。"

我看着信，喝一口酒，眼睛渐渐模糊，我以为留在这里，我们就能相爱的，谁知道呢！

我喜欢日喀则的夜，喜欢穿着大红印染长裙站在月下，城市夜晚的灵魂是灯光，而西藏夜晚的灵魂是月亮。那么大那么圆的月亮，落在了日喀则。

就这样，许多年之后，我跟安貅的关系仍然是："情人的情人的，情人！"

人生是一个奇怪的旅程，每一步都是未知。这未知，或许藏着迷人的风景；也或许，只是一段泥泞。

谁动了我的钥匙

题记:爱人是什么,就是你的一把备用钥匙,你进不去门的时候,可以找的那个人。

一

从歌剧院出来,米良公司有事,所以,要我自己打车回家。我穿着曳地绒面礼服,头发高高盘起,像个真正的淑女。可是听了他的话,不由得怒起,一步从宝马车上跨下来,伸手拦车。米良本来已经掉头,见我这个动作如此不满,就又打开车门,轻轻拥抱了我一下:“宝贝,公司真的有些急事,要听话!”我猛然甩开他的手,提着裙子上了出租车,高耸的发不小心碰了车门,头发“哗啦”一下就散开来。

米良摇了摇头,开车离去。他一定会去公司的,他的事业永远都被放到了第一位。司机不断回头，看样子是有些奇怪，本来嘛，穿着这么华丽的礼服去听歌剧的女子居然会当街打出租？我闭着眼睛靠在后座上，生生将眼泪给逼了回去。为这么点小事就哭鼻子，实在是不像话，可是不知道为什么，心里就是难受，堵堵的。

所以，直到提着裙子走到家门口，我的脑子里还被怒气和哀怨强占着，暗红色的防盗门映入眼帘，机械般地将手伸进包里摸钥匙，这才完全清醒——在小巧的信封手袋里翻了个遍，却连个钥匙的影子也没有，想想，出门的时候，米良使劲在楼下按喇叭，就提了手袋飞奔下楼了，肯定是将钥匙忘到家里了。

一丝惶恐泛上心头，深夜回家的单身女子，可以不带男人，就是不能不带钥匙。

二

窗外灯火依稀，夜风清冷。无袖礼服格外冷。曾经温暖的铁门像一个紧紧闭着的嘴巴。楼道里不时有男人经过，将眼睛色眯眯地斜过来。我假意昂着头，冷风飕飕从裸露的脊背扫过来。自包里摸出手机，给米良打电话。他那里很嘈杂，嗡嗡乱响，我大声说完自己的情况，可怜兮兮地等他来想办法。米良大声说："你还真是笨啊，忘了带钥匙不可以找开锁公司吗？"挂断电话，我靠在门上想，自己还真是笨啊！可是，要怎么找开锁公司呢？只好又一次拨通了米良的电话,没办法,在这个城市我无人可找。米良详细告诉了我该怎样查找开锁公司的电话,这么一来二去,等电话拨通的时候,夜就已经深了。我耐心等着,因为脚麻,只好倚在墙壁上,尽管凉,可是,总归要舒服一点。

好不容易平静下来的心,就又烦躁起来了——因为那个电话一直没有人接。我的眼泪涌出来了,伸手抹了一把,心想什么破开锁公司,连个值夜班的人都没有嘛。再拨米良的手机,却已经关机。

米良你浑蛋!我在心里狂喊着。但是没有人听到,冷风依旧。只好胡乱翻看通信录,借着屏幕的微光,找到了一个号码,狠狠心,按下拨通。

铃声响的时候我很忐忑。两秒钟后,李末在电话里说:"小绵,你有事情?"

我的眼泪唰地就流下来了。他不但接了电话,还记得这个号码是小绵。

我说:"我把钥匙忘到家里了,找不到开锁公司,你有没有办法?"

"有!"他说:"你等着。"我的心扑通放了下来。就像一年前我认识了米良,跑来跟他说:"李末,我想跟你分手。"他凝视着我的眼睛,说:"好!只要你决定了。"

一个小时后,李末踮着脚爬上七楼,手里晃动着一串亮晶晶的钥匙。

"你的腿怎么了?"我问。

“先进去再说。”李末踮着脚走过来，“外面冷！”

屋子里的温暖袭来，凉气就退下去了。我接着问：“李末，你怎么有我家的钥匙？”

李末找了沙发坐下来，将一只脚握起来：“你先让我回答哪个问题？”

我惊呼，发现了他脚上的血迹。“你知道，”他说：“我住得偏僻，打不到车，所以就骑着自行车出来了，骑得太快，掉到沟里，被摔了一下。”他轻描淡写。

三

李末还是原来的样子，说话注重条理，简洁，直接。我们刚开始在一起的时候他就是这样，比如我说李末，你今天为什么不给我打电话。李末不会不耐烦地说忙着呢，也不会敷衍了事说宝贝你在我心里呢！而是认真地回答：“因为今天没有想到你！”

我们也曾有过甜蜜的爱情，那个时候我就是个马虎的女孩子，经常会忘了带钥匙，然后站在门前理直气壮地给李末打电话：“李末，我忘带钥匙了。”于是，李末用不了半个小时就连滚带爬赶回来了，将我弄进屋子，再回去上班。因为请假的时间太多，他后来还受过处分。

后来，感情就淡下去了。就像第一次拥有这房子，亮闪闪的钥匙捏在手里，喜得心都颤抖了，后来就渐渐平淡了，居然常常忘记带钥匙。

何况,我和李末都太穷了,攒好长时间的钱才够买一件秋水伊人。所以,遇到米良的时候我就动心了,米良儒雅随和,没打电话不会说今天没想你,而是会回答:“宝贝,你在我的心里。”他买得起一打香奈儿送给我!

所以,在米良第一次把我堵在办公室里强行拥抱之后,心里的莫名情愫就渐渐增长了。我跑回来对李末说:“我不愿背叛你,可是我也不愿意背叛我自己,所以,我们分手吧!”李末在沉默了十分钟后,从我的眼睛里捕捉到了迫不及待,于是,他说:“好!只要你决定了!”我的心落回到了肚子里,虽然有歉疚,但是,终归清浅。

李末转身离开,背影落寞。我想我应该狠一点,免得日后藕断丝连,就说:“请你把钥匙放下吧。”

李末回头意味深长地看了我一眼,掏出钥匙哗啦一声放到了鞋柜上。我的心疼了一下,可是没有后悔。

直到今天我才明白李末当时的眼神为什么是那样的,原来,他早就另配了一把钥匙,也不是为了别的,就是以防万一——在办公室放一把钥匙,因为我是个爱忘钥匙的人。

有许多感动,我眼睛潮潮地说:“李末,真对不起!”他没有顺势抱住我给个安慰奖,而是站起来拍拍我的肩膀,踮着脚就走了!

四

隔天,正在睡懒觉,收到了米良从城市的另一头快递过来的鲜花。送花的帅哥笑眯眯地藏在花束后面说:“小姐真幸福！”我说你要是觉得幸福就送给你吧,然后关上了门。小帅哥在外面使劲拍门,说不能跟花过不去,花是心灵的钥匙。我打开门说你就告诉他我这个房子里没有人!

花不是心灵的钥匙,钥匙就是钥匙。

刚刚买这间小房子的时候,没有钱买电视,晚上我就歪在李末的腿上看星星,阳台没有封,天空空明澄净,李末给我讲着故事。

一把大锁,挂在门上,庞大的铁杆费了半天劲还是无法打开。钥匙来了,瘦小的身子挤进锁孔一扭,大锁啪就开了。

铁杆奇怪地问:“为什么我费了那么大力气也打不开,你却轻而易举就打开了?”

钥匙说:“因为我最了解他的心。”

每个人的心,都是上了锁的大门,任你再粗的铁杆也撬不开,唯有把自己变成一把细腻的钥匙。才能进入到别人心中!李末说:“小绵,你就是能打开我心门的那把钥匙。没有你,我的心就会上锁,会落满尘土。”

我感动得直流眼泪,这是李末说过的最好听的一句情话。可惜,我还是把他丢掉了。

五

米良终于来了。敲门,我打开,他器宇轩昂就进来了。“小宝贝,还生气哪?”他说。随即从包里掏啊掏的,我盯着他的手,这是米良惯用的伎俩。我知道包里一定有我喜欢的东西。果然，他掏出来的东西是一串亮闪闪的项链——施华洛世奇!心里惊呼一声,面上却不显。米良看穿我的心思,伸手环住我的腰,将项链给我戴好,冰冰凉凉,我的身体战栗了一下,一丝陌生的馨香缭绕在唇间。是另一个女人的气味,我不在意。迷恋真是奇妙的东西,就像某种习惯,沾染了就难免上瘾。只要是依偎在米良怀里,所有的烦恼就都烟消云散了。

米良在我的脸上亲了一口:"宝贝,快换衣服,我请你出去吃大餐！然后回来还有事情做。"

穿上新淘来的一件棉裙,米良摇头道:"换下来,昨天刚买的那件秋水伊人比较好。"我嘟嘴:"那件明明有些瘦。"

换上秋水伊人,化个淡妆。米良左右端详,帮忙喷了香水,然后相拥出门。精致的男人就是这样,吃个饭都要仪表整齐。

春光明媚,忘钥匙事件烟消云散。是谁说过,再幸福的夫妻也有过至少十次要掐死对方的冲动,情侣也是如吧。

常去的餐厅里比较清净,我一眼瞄出了坐在最里面座位上的李末。李末一改往日的随便,居然穿得西装革履,头发汉奸似的背到后面去,面前一脂粉女,红唇,黑衣,面上带笑。再看李末,居然也笑模笑样的,亲亲热热。整顿饭,我吃得都有些心不在焉，米良对我频频对别人注目非常不满，几次用眼神加以制止，我却假装看不见，心里早已冒起了火，尤其是当脂粉女伸长胳膊给李末夹菜的时候，手都要碰到李末脸上了，他居然不躲。怎么回事嘛，还说我是他心灵唯一的钥匙，想到钥匙，我计上心来。

吃完饭，米良点着我的额头表示不满，我忽然蹲下身子，捂住肚子叫苦："不好了，大姨妈来了！"本来就有些扫兴的米良怔了怔，挤出笑容说："没事没事，下次嘛！"然后给我叫了车子，扬长而去！

我顾不得伤感，打车回家，站在门口给李末打电话："李末，我钥匙丢了！"

李末在半个小时后赶到，开了门，转身离去。我在后面说："等等。"李末艰难地说："可是，我正在相亲！"

"我还有一道别人打不开的门，不知道你愿不愿意帮忙?"我羞涩道。李末回过头，眨巴着小眼睛，一屁股坐到沙发上，没心没肺地笑了。

六

一个星期后，李末给相亲对象打了拒绝电话，我正在炒青菜，听到锁孔在转动。我知道是米良。等他进来，张开手臂，才发现我的身后站着一个高大的小眼睛男人，男人穿着睡衣。米良脸上的表情纠结起来。然后他果断转身，面带鄙夷和愤怒，我在后面叫着等等。他转回身，终于大发雷霆："小绵，我绝不会原谅你……"我微笑："我只是提醒你，把钥匙给我放下。”

迷恋和爱是多么不同。我迷恋米良,就算发现他和别的女人在一起依然会迷恋,可是,当发现李末和别人在一起时心里就漫过了荒芜。

后来我问李末,既然一直爱我,为什么却轻易答应和我分手?他傻傻地说:“想让你碰碰钉子。若是真找到好的,我就离开;若是撞到墙了,我接着,你幸福就好。”

我笑他傻,居然偷偷留一把钥匙,他说:“你经常会忘记带钥匙,进不了门嘛!”我笑,笑出了眼泪。爱人是什么,就是你的一把备用钥匙,当你进不去门的时候,可以找的那个人。

而我和米良再华丽的爱情,没有那把钥匙,也是虚无。

或许我们都遇到过两个男人,两段爱情,一段华丽给世人看,一段温暖给自己。每个人的选择不同,所以终点也就不同。

等了一辈子，念了一辈子，也丢了一辈子

题记：明了的人，都知道，其实爱情，不过如此，是凡俗琐碎的日子，相依相伴已是最好。哪有什么永远？

前几天回老家，又见到了他，头发花白，穿一件洗得发白的蓝色羽绒服，在我家里和老爸下象棋，一副气定神闲的样子。

他在我眼中好像一直是这个样子，多少年了，都是干净、整洁、气定神闲。闲了，就来找老爸下下象棋，几个老头你来我往，好不热闹。几盘棋下完了，大家各自回家吃饭，爸妈往往会留他一起吃，他也必定是不肯的。

那日，见我回来，他寒暄了几句，便急急地走了，老爸挽留，他笑称："闺女回来了，要好好地说说话，有时间了，

咱老哥俩继续杀。”挥挥手,便走了。

他一直都是一个人,一个人生活,一个人做饭。至少在大家眼中,这么大岁数的人,形单影只,于幸福而言,是不相干的。

一切的落寞、孤寂,都只因两个字:爱情。

他年轻时,据说是个美男子,喜欢在他家碧桃花下吹笛子。悠扬的笛声婉转再婉转,迂回再迂回,不知碰疼了多少女子的心事。

可是身边的女子他偏偏都不爱,却爱上了一个另类女子。

女子是邻村的,叫玉兰,那天她是来请他给自己家的房子换一换瓦,因为他是方圆几十里手艺最好的瓦匠。可谁也没想到,这一请,就请出了一生的纠缠。

玉兰的丈夫是个半老的光棍儿,玉兰却是个聪慧不俗的女子,喜读诗书。她的命,却颇苦——被人贩子拐骗,是男人家花了钱买来的。如花似玉的女儿,自是不甘嫁个半老丑陋的男人,哭过闹过,寻死过,但终难逃脱命运。因为有了孩子,再倔强的女人也甘了心,从了命运的摆布,任膝下儿女主宰着生活的所有欢乐。

他的出现是满天阴霾中突现的一道彩虹,一下子,灿烂了她的心。何况,年轻英俊的满诚对她的爱慕与心疼就那么藏在眼角眉梢,不经意间便流露出来,撞击着她的心,湿漉漉的,疼、痛、无奈和渴望交织在一起。

爱情一旦有了合适的土壤和温度，关于道德责任的约束也就不值一提了。两个人的交往，从一开始就有了轰轰烈烈的劲头，约会频繁，衷肠互诉。

藏不住的情意，掩不住的欢欣，终于被老男人发现了。玉兰索性就住到了他家。

老男人家自是不会善罢甘休，他与玉兰亦是毫不示弱。于是，打打闹闹，闹得风风雨雨的，名声大损。还是他拿出所有的积蓄，又借了债，赔了人家，才总算使玉兰离了婚。他的父母恨铁不成钢，人尖似的儿子，想要怎样的好姑娘不是可劲地挑，可他却偏偏执迷不悟，认定了这个妖精样的已婚女人。因此，最终断了父子关系。

没了钱，没了父母的照护，没了昔日的好人缘，他不在乎，依旧在众人的目光中携了心爱的女人，一如稀世的珍宝。他为她做饭洗衣，为讨她的喜欢，用自己的巧手在小院子里雕花纹叶、砌廊围栏。一个小小的院子，竟成了小巧花园的模样，花香洋溢鸟语啁啾。他觉得，再美的景也配不上他们的爱情。

后来，玉兰以前的男人很快又用他的钱娶了媳妇，媳妇的要求是不要玉兰留下的女儿，男人就把女儿给他送了来。粉妆玉琢的小女孩，他喜欢得不得了，也就留下了，当作自己的女儿疼爱。

要还债，要养妻子女儿，现实是很残酷的，他只好又开始到处给人家干活儿。对他，玉兰是满眼的心疼，所以当城市招工的人来的时候,玉兰的心动了。她想的是,如果自己也能出去赚一份钱,他欠下的债还是可以早一点还上的。何况,没有人知道,虽有爱情的支撑,玉兰的心也是寂寞的——左邻右舍,都是不屑的目光,没有人愿意跟她交往,都认定了她是迷惑人的狐狸精。

要走了,他说什么也不让玉兰带女儿一起去,玉兰无奈,只好将女儿留在了家里。

门口的碧桃花开了又落,就如玉兰娇媚的脸。思念如水,蜿蜒流走,日夜不停。

他抱了女儿到城里去找她。面对他们,玉兰的泪水一串串地落下。他终于明白,玉兰的人生,是回不去了,她还是个三十不到的美丽女子,城市的时尚与繁华让她一次次地流连忘返。因了她的美,工厂里的厂长开始对她穷追不舍。这于玉兰,都是致命的诱惑,华衣美服、艳丽的玫瑰、璀璨的钻戒,厂长还给她开了间花店。反正,展现在眼前的是另一种人生。他要她的美貌与年轻,她要他的金钱与安逸,各得其所。

此时,他们连婚礼还没有举行过,也没有正式领过结婚证,他们根本就不算是夫妻。

他失魂落魄地回了家。是女儿一声声甜甜的爸爸,唤醒了他。之后便是大病一场。此后,他带着女儿,捡拾起破碎的日子,慢慢地过下去。大家都以为他会将那个孩子丢到城里去,丢到玉兰的脚边,或者送回邻村孩子的亲爹那里，可是他什么都没做，就是专心地带孩子，给她买最漂亮的衣服，把她打扮得可爱极了。

也有好心的人上门来说亲，或离异或独身的女人，可他统统都拒绝了。玉兰在他的心里成了不可摆脱的宿命。他等她，爱着她留下的女儿，期待为了女儿，她终有回头的一天，他要在家里，永久地给她留一个位置。

小小的女儿，眉眼间，都是玉兰的样子。

一晃就是二十年，光阴似水啊，他一个人，孤衾冷被，鬓染白霜，心里却是玉兰芳香的体温辗转。这期间，玉兰回来过几次，时光在她身上停下脚步，她还是美，艳光四射，她的店开得好，已然是阔气的女老板。每次，她都是来去匆匆的，也劝他找个女人，他摇头，她的泪便落。只好在留下的几天时间里，加倍地温存。有什么用呢？同样是爱，于她是几串泪水、几夜温情，于他，却是一生的付出与等待。男人的痴情一旦认真起来，任是什么也挡不住的。

当岁月已尘封，他依然会拿了笛子，在春天的傍晚，倚在碧桃花下吹，一声声都是寥落哀愁、缥缈忧伤。再后来，女儿毕业后留在了大城市里，又剩下他一个人。于是，他也不吹笛子了，没事就找几个老头下棋解闷。

爱情是什么呢？短短的温存，是他一生的回味。可爱情实在是那么伤人的东西，明了的人，都知道，其实爱情，不过如此，是凡俗琐碎的日子，相依相伴已是最好。哪有什么永远？而他却不，他认了真，所以，一生心碎。

第二天，他又来找老爸下棋，中午，执意自己回家做饭。望着他孤单的背影，我忽然一阵心酸：如果真有来生，真的可以选择，他会不会牵了平凡女子的手来爱，夜夜在她的臂弯里熟睡，在她的琐碎爱中，醉或平凡。浓浓的烟火气息，日日的温存相伴，呼儿唤女。那是多么熨帖的生活啊！

可是，这样的问题终究太荒凉。

毕竟，他已经老了。他选择了这样老去。

你的“展示型”人生，伤了谁

题记：生活不是演戏，你把所有的一切都安排在观众面前，是在免费给观众耍猴子吗？

一

有时候压力很大，忙完工作不想动，就窝在沙发上看电视。现在最流行轻松无脑的真人秀，随便调一个台，不是明星在玩游戏，就是主持人在调解家庭纠纷，随时看随时关掉，不会上瘾不用动脑，还会被逗笑。这种浅视觉感受，正适合现代生活的浮躁，很契合。

但是我没想到身边会有热衷于上电视展示自己的人，并且她所有的人生大事都是在电视上完成的，所以听到琪琪给我讲述她的故事时，简直仿若听天书。

琪琪说:“我是一枚如假包换的大龄剩女，苦逼女一枚,身边的同事都是女性,工作又忙,天天顶着熊猫眼早出晚归。一周有五天“三点一线”:公司,公交站,家。剩下那两天还想疯狂补补觉,窝在沙发里看看口水剧休闲一下。所以,接触雄性的机会微乎其微,用闺密的话说:想谈恋爱，只好尝试一下同性了。”

为了拥有一个家、一个可心的爱人,琪琪报名参加了一档电视相亲节目。在浮躁的都市里,人与人之间的关系愈发冷漠和疏离，这样的节目给陌生男女搭建了一个平台,时尚,又解决实际问题,得到了像琪琪这样的剩男剩女们的认可。

逛商城,置办行头,马上要到电视上相亲了,既心怀忐忑,又满怀期待。

面试很容易就通过了,录播之前,有个导演模样的人给他们上了一课,说了一下注意事项。当然,最主要的还是自己表现，怎样在节目中展示自己的魅力和优势是必修课。为此,琪琪报了一个古筝班,突击了一个月,就为了在众人面前展示她的美好和才艺。

录播现场,一共有 10 名女孩 10 名男孩,女孩子可以选择一个一见钟情的了解,男孩可以选择一个一见钟情的女孩送上一朵玫瑰。都是年轻男女,目的直接又纯粹,琪琪是第一次面对镜头,却没有任何的紧张,很奇怪。

在节目上半场，琪琪一共收到了三朵玫瑰，但是没有选中喜欢的男孩，节目结束，相亲失败。

一连录了三期，琪琪乐此不疲。工作之外，这个平台让人提升了不少自信，琪琪在节目里妙语连珠。

第四期，琪琪收到了五朵玫瑰，像以前那样没有在意，拿在手里随意把玩，发现其中一朵玫瑰不但有男孩的名字，而且居然还挂着一张纸条："嗨，注意一下我嘛，我条件不错的。"

琪琪抬头巡视了一圈，正撞上这个叫迟小齐的男孩的目光，他是清秀型的，白白净净，戴一副黑框眼镜。他的目光很热，带着微笑和期待。一向游刃有余的琪琪突然脸红了。

最后的选择环节，琪琪没有把迟小齐的玫瑰扔掉。于是，他们得以面对面。他轻轻地说："我从第二期就开始给你送玫瑰，我是为你来的。"

琪琪感觉自己的心一跳。他试探了一下，果断上前牵起了琪琪的手，琪琪没有拒绝。

琪琪跟迟小齐在大家羡慕的目光中离开舞台，在后台领了奖品，是由当地珠宝行提供的情侣白金对戒。

出了电视台的门，两个人突然感到无所适从，这个事儿来得太突然了，突然到他们除了名字之外，对对方没有一丝一毫的了解，却又不舍得就这样让到来的缘分擦肩。于是，他们沿着马路一直走，像一对生涩的中学生。忽然，一辆自行车歪歪斜斜冲了过来，他一下子便把吓呆的琪琪拉开。

他们的手紧扣在一起，很异样，很甜蜜。

二

迟小齐是琪琪向“展示型”人生靠拢的第一步。在接下来的相处中，琪琪惊讶地发现，他不仅事业有成，是一家驻华外企的销售经理，而且品性也好，居然还悄悄资助着两个贫困小学生。

交往了一段时间后，琪琪忍不住问他：“你有车有房，工作也好，性格也好，相貌也不错，怎么会到电视节目里去相亲呢？这样的男人，想找个一掐一把水的小姑娘，也不难吧。”

迟小齐说：“想听实话？”

“当然了。”

他说：“第一，我虽然条件不错，但是生活圈子比较窄，身边没有一掐一把水的姑娘；第二，我偶然在本地的相亲节目里发现了一个姑娘，她说她有爱情洁癖，需要一个更好更大的平台和氛围来寻找她的另一半。我几乎一下子就爱上了这个姑娘，勇敢，纯粹。于是，我为了她报名参加了那个活动，每一场都送给她一朵玫瑰，可是她一直都没有注意到我。于是，我在玫瑰上写了一张纸条……”

没想到，速成的相亲后面也有深情的故事，迟小齐让琪琪感动。女人的爱都是从感动开始的，他们很快便进入到热恋期，约会、看电影、吃西餐……有了爱情的滋润，生活突然变得多彩起来，琪琪感谢相亲节目给她带来的幸福。如果是在生活中，琪琪遇到迟小齐这样男人的概率几乎是零！同时，琪琪也迷上了在聚光灯下展示自己的魅力。那个平台真实、灿烂、公平，现实生活里需要靠关系和人际才能办到的事，在那里却得到了公平。

平凡的琪琪，无法抗拒这样的魅力，她喜欢受到频频瞩目，那个感觉不亚于大明星。于是，琪琪说服迟小齐，领证之后，他们报名参加了另一档电视集体婚礼节目，所有开销都是免费的。电视台要收视率，吸引投资商和广告商，他们要璀璨，要免费。迟小齐很爽快地答应了，他说："电视已经见证了我们的爱情，那么现在就再次见证一次我们的婚姻吧。"

有许多和琪琪抱一样心态的年轻人参加电视婚礼，婚礼上精心设计了各种环节，求婚、介绍相识过程……他们只负责背台词就行了，整个婚礼现场，喜乐融融。一对情侣很煽情，男的得了白血病，女的不离不弃，一直都陪在身边，两个人到电视上举行婚礼，就是为了有这么多人见证他们的幸福。好多新娘都哭了，那一对新人无比抢镜，琪琪对此焦虑不已。要知道，琪琪到这里来就是来展示自己，展示他们的传奇爱情的！

在叙述环节，琪琪说："我和迟小齐都是微博控，我们一直都关注对方的微博，但却从来也没见过面。后来在相亲节目中相识，迟小齐通过我说的一句话认出了我，觉得我们非常有缘分，所以连续上相亲节目，就是为了我……”琪琪说着说着，把自己都感动了，声泪俱下。导演和迟小齐都愣住了，谁也没料到琪琪会篡改台词，不过，效果出奇地好，导演当即决定，无须删减，就用琪琪的现场发挥版。人们对传奇的追捧远远大于对坚贞爱情的品尝，那天，琪琪再次成为了主角。

只是下场后，迟小齐不高兴了，说琪琪不仅会编故事，还大爆俩人之间的恋爱隐私。琪琪哄了他好几天，并且答应再也不这样做了，他这才原谅琪琪。

之后，婚房交工了，琪琪突发奇想，再次报名参加了一档本市的交换空间节目。琪琪对迟小齐说是为了省钱，但是真正的目的依然是展示。这次他没有反对，只是告诉琪琪只要老老实实装修就好了，不许乱爆料，琪琪踮起脚在他脸上亲了一下：“老公，放心吧，就算爆料也是对你有利的料！”

在半年时间里，因为琪琪不断地参加各种节目，总是需要面试、化妆、录播，经常请假，公司的意见很大，找个借口便把她炒了。

迟小齐为琪琪打印了一摞简历，怕琪琪郁闷还陪她散心。琪琪告诉他：“现在是什么时代了，电视时代，爱情婚姻房子我都搞定了，还怕找不到一个工作吗？”

一个月后，经过充足的准备，琪琪出现在了求职节目中。经过了那么多次上镜，琪琪已经游刃有余、很会把握，知道哪里该说什么、哪里该幽默、哪里该煽情。琪琪居然求职成功，进了她梦寐以求的电视台工作，这在私下的面试中几乎是不可能的。在这个讲究关系的城市里，琪琪一个普通女子，连见领导的机会都没有，可是在这里，在聚光灯下，琪琪可以和电视台的主要负责人对话，向他展示自己最好的一面。

更爽的是，原公司的同事们都看到了琪琪在求职节目中的表现和应聘成功的喜悦，打电话来祝贺她，说开除她的那个主管听他们议论这个，脸一直都阴阴的。

琪琪对展示型人生更着迷了，无论什么事都喜欢在聚光灯下解决。琪琪带老公参加惊险闯关、报名参加电视智力竞赛，甚至和谐家庭评选，琪琪活跃在电视上，将自己的家庭生活与情感都展现在了荧屏上。

三

电视台的工作光鲜亮丽，一开始，琪琪虽然不懂得工作流程，却很乐于学习，加上电视招聘，最主要的目的其实不是找到多么合适的人才，为自己的单位宣传也占了很大比例。所以，琪琪根本没办法进入到工作状态当中，在新闻节目组，琪琪只是负责收发邮件、处理一下市民热线，或者记录一下新闻线索。一段时间下来，已经觉得索然无味。

琪琪跟迟小齐商量，把这份工作辞了，再上一次求职节目，找更合适更喜欢的工作。

迟小齐说："我觉得你现在最应该做的是脚踏实地，一步步学习，进入到核心位置，而不是把所有的希望都寄托在虚无缥缈的电视求职中。这些节目，赚的是收视率，实际作用并不是很大。"

"咦?迟小齐，当初是谁说过欣赏我电视相亲的勇敢和纯粹？"

"你不觉得你现在的行为已经变味了吗？"迟小齐说，"那时候你是为了追求幸福，给自己一个机会。而现在呢，完全是为了展示，当你在现实生活中得不到满足，就会追求在聚光灯下展示自己的那种刺激，也可以说是存在感。老婆，醒醒吧，那些热闹和美好都是虚假的，真的很不现实。我可以给你一个数据，那些在荧屏上成功的案例，在台下大部分都失败或者是不如意。"

琪琪说："迟小齐，你这是在嫉妒我吧，你嫉妒我在电视节目中每次都能取得成功，并且焕发魅力。"

他说："你真是不可理喻，不过我不建议你辞职再去求职。将真实的人生搬到荧屏上，就像一只美丽的气球，所有参与者都一起维护着那份美好，可是一转身它就爆了。一步一个脚印，脚踏实地，是唯一的人生捷径。"

谁也说不服谁，战火逐渐升级，晚上琪琪看电视，他在电脑上看电影。忽然，他手机响了，他到卧室里去听，琪琪跟过去侧耳。一个娇滴滴的女孩声音，貌似邀请他参加什么会。迟小齐说："我不方便。"拒绝了。

女生，约会，不方便。琪琪的脑海里飞快转动着这些字眼，是啊，迟小齐有钱，多少女生眼巴巴盯着他呢。回想这一段时间来，他早出晚归，还经常一身酒气，实在是太过可疑。

琪琪不动声色，跟踪了他几次，果然发现一个年轻女孩总是跟在他后面一起出入公司。

怕什么来什么。琪琪不想失去迟小齐，她要打败那个女人！她要用自己的方式夺回爱情。

琪琪参加了一个婚姻调解栏目，她关注这个节目好久了，这里有情感专家，还有律师，会给婚内迷茫者指引方向。琪琪现在太需要有人指点迷津——该怎样保卫家庭。

这次，迟小齐没有配合琪琪，他接到节目组电话的时候勃然大怒，把琪琪骂了个狗血喷头，然后摔门而去，琪琪一个人怎么唱这出独角戏？节目组千方百计劝说他，轮番给他打电话，说明利害关系。为了节目更好看，他们还请来了那个女孩。最后，迟小齐消失了，录节目的时候，只有琪琪和那个女孩。只是放了一段迟小齐的电话录音，他在电话里说："我只有一句话，没有做过不忠于婚姻和妻子的事儿。"

那女孩在节目中对琪琪说："谢谢你给我这样一个机会，本来我不敢明确表示喜欢他，他也不接受。现在，所有人都知道我的存在了，也希望他明白我的心意……”琪琪是流着泪录完那期节目的。

回家，迟小齐把东西搬走了，只给琪琪留了一张字条：“生活不是演戏，你把所有的一切都安排在观众面前，你不觉得，这是在免费给观众耍猴子吗？你这么需要观众，可以去当演员。”

他搬走了，琪琪一个人攥着遥控器，一个台一个台地跳下去。

相亲、求职、调解，爱情保卫，一段一段真实的人生都被戏剧化了。他们会不会像琪琪一样，久而久之，再也分不清哪一段是真实，哪一段是表演？

别人的故事

题记：人生就是一场探险，总会莫名其妙地卷入别人的故事，也许会落入险境，也许会发现风景，也许，只是匆匆路过。

一

我一直觉得赵洋是一个奇怪的朋友，他的约会方式太特别了，每次都把我带到郊外去。春夏，可以看到那里有一大片油菜花；而秋冬，就是荒凉一片。他经常目光沉静，注视着某一个方向陷入沉思。我第一百次骂他神经病，以为他遇到了鬼之后，他才将关于这片油菜花的故事告诉了我。

赵洋是摄影发烧友，看到美景不拍手会痒。

去年春末，在经过那片油菜花的时候，赵洋将车停了下来,取三脚架,下车拍照,刚调好角度,镜头内突然闪进了一张白皙的脸。

赵洋手一抖,半天才反应过来,抬起头道:“喂,你谁啊,躲开躲开,挡我镜头了。”

女子站直身体,懒洋洋道:“我是故意的。”

“你……”赵洋居然无话可接,用眼角瞄了她一眼,那女子长头发,牛仔衣,墨镜挂在衣领上。清瘦,修长,眼神懒散,秀气不羁。

见赵洋打量她,女子用手指磕了一下镜头,说:“哥们,能帮个忙吗?我车坏了。”

赵洋环顾四周,发现不远处果然停着一辆红色凌志车,车头撞到了一棵树上,大灯都碎了。

“我不会修车。”赵洋说,“你为什么不打救援电话?”

女子说:“没让你修车。”说着,一屁股坐进了赵洋的车子里,“带我回市区吧,谢啦。这个地方偏僻,我好容易等到你经过。”

赵洋心里扑通扑通跳,这个地方确实偏僻,虽然不是荒郊,但确实算野外。难道祈祷有效,艳遇来了?

赵洋没心思拍照了,回到车上,将相机三脚架什么的塞巴塞巴,问:“怎么会撞树的?你没有受伤吧?要不要打个电话给你家人?”

女子盯着他看,目光凌厉。赵洋有点慌:“是不是手机摔坏了?用我的吧。”他手忙脚乱找到手机递了过去,又被推回来：“你真啰唆，到底走不走啊？”

“走，走。”赵洋启动车子，又弱弱地问了一句，“可是，你要去哪里啊？”

女子不耐烦道：“走先。”

二

一路上，赵洋试图和女子说话，她都安静地坐着，一言不发。赵洋心里堵堵的，本来以为的艳遇，却是一根“木头”。

车子进入市区，女子终于开口，报了一个地址。赵洋还不死心，到了小区门口，停车，问道：“给个电话呗。”

女子回身，拿起赵洋手机，拨了一个号码。然后将手机扔到了座位上。

赵洋目送了一下女子的背影，拿起手机，盯着屏幕上的三个字，林一兰，微笑，自语，名字很美很温柔嘛。一抬头，却是一个黑衣男站在车子前面。

赵洋用眼神和口语分别示意他离开，男人没有动的意思，眼神冷冷的。他只好下了车。才钻出来，男人已经迅速地冲过来，挥拳就打，赵洋莫名其妙地挨了一拳，眼冒金星。嘴里不忘辩解：“你神经病啊，挡路还打人！”

男人气呼呼道：“我神经病，我就打你怎么样，喊林一兰来救你啊。你们好多久了？开这么个破车，也好意思跟我抢女朋友。”

赵洋没起来,又挨了一脚,翻到地上,用手指着打人的男人吼道:"你看看清楚,我没有跟你抢女朋友,我是在救你女朋友,你再打我就报警了!"

"你报警啊,赶紧报警。"男人将赵洋的手机拿出来扔在了他面前。赵洋摸过手机,一眼看到林一兰留下的号码,拨通,怒吼道:"你赶紧出来给我解围,你男朋友误会我了。"

林一兰答应了一声:"好,马上出去。"

赵洋这才有了点底气,站起来,揉了下疼痛红肿的脸和肩膀,后退十步,和怒气冲冲的男人保持距离:"我告诉你,你女朋友马上出来证明我的清白,有什么话,咱们等她出来再说。我告诉你,今天你一定要给我个说法。"

话音刚落,林一兰匆匆地走过来,赵洋说:"你过来,告诉你男朋友是怎么回事,你为什么从我车上下来。"

林一兰走近赵洋,看他一眼,又扭头看着打人的男人,忽然妩媚一笑:"陈初,没错,我就是跟他好了,怎么样?"

叫陈初的男人眼睛冒火,迅速冲过来,赵洋几乎傻掉,愣在原地,被林一兰一拉:"还不上车逃命。"赵洋警醒般地跳上车子,冲出去,一路疾驰,如一支射入街上的箭。走了一段路,赵洋才发现,林一兰已坐在旁边——他跳上车的一瞬间,林一兰也跳上来了。

三

赵洋不知道要将车子开到哪里,就回了家。他的脸上,身上，都疼痛着，莫名其妙的伤痛还有身后莫名其妙的女人，让他有点短路。

门口，赵洋伸手拦了一下："你滚。"他说。

林一兰没有滚，一边固执地向里钻，一边说："你受伤了，我来帮你上药。"她的手自然地搭在他的手上，冰凉，柔软。他正扶着门框，一哆嗦，手落下来了，林一兰顺势进了门。

赵洋只好跟进来，他堵着气，不知道要怎么发泄，一下子冲到卫生间照镜子，检查脸上的伤势，一时又冲出来，对着林一兰怒吼："你是不是人啊，我好心帮你，你反倒害我。"

林一兰垂手站着，并未因做错了事而收敛神情，而是反击道："那又怎么样，你帮人帮到底嘛，又没有怎么样！"

赵洋本来是一脸怒气，见她这个样子却忽然就变成了邪恶："好啊，你不是要跟我好吗？来呀。"

林一兰忽然收起了嚣张，咬着唇，一动不动。

赵洋拍拍床，热血和怒气一起上涌，他使劲将身上的衣服拽巴拽巴，随手一甩，就甩到了角落里，几乎赤着身子站在林一兰面前。她看着他脱衣服，吼叫，没有慌乱也没有尖叫，眼神中流露出比赵洋更决然的神情，她像一个凛然的女英雄，也一把拉开了裙子的拉链，弓腿脱下了丝袜："来就来，我也不想欠你什么。"

赵洋被她的身体一晃，反倒后悔了："那什么……我不是那意思。"

谁管你什么意思。林一兰像一个女流氓，一推赵洋，他跌倒在床上,身体弹了一下,又被林一兰给压了回去,她俯身扑到他的身上,赵洋被这柔软和一片雪白晃了眼睛,心里那点抗拒已经左右不了身体,他迟疑了一秒钟,果断抱住面前的女人,顺势一翻,滚到了床上。

天地变色,日月无光,露水悄然滴入花瓣,傍晚切换到早晨。

赵洋被肚子咕咕叫的声音惊醒,饿狼一般转身爬了起来,忽然发觉不对,脸上疼,身上疼,枕边留着一方蓝色的小丝巾。

郊外,油菜花,林一兰,被打,上床……这些都不是梦,是真实发生的。他匆忙穿好衣服,到各个房间蹿了一遍,没有发现林一兰的影子。

赵洋无比惆怅又无比茫然地回到了床上。柔软的肢体,修长的手指,她的一切似乎还停留在这间屋子里,如梦似幻。

四

后来,赵洋在手机里发现了林一兰发过来的一条短信:"对不起,你是我临时拉来的,谁让你人那么老实,一看就是个无害的好人!那一觉是对你的补偿。"

赵洋跳了一下脚,转了一下圈,哪有这样嚣张的女人,哪有!眼前闪过林一兰决然的眼神,和衣服下的一抹雪白。他想做点什么,又不知道该干什么,打电话过去吗?说什么？人家让你挨了打，却也陪你睡了一觉不是吗？

不如一笔勾销，对，一笔勾销，就当是艳遇一场吧。

赵洋是个快三十的光棍，在这个城市里就如一根浮萍，有一辆车，一份稳定的工作，房子是租的，每天都有人试图给他介绍女朋友，他也去见，每次都去，却总是不咸不淡。这次去郊外，也是送一个准女朋友回老家，然后，那个准女朋友打电话说，他们不合适。

就是这样，每次都不合适，不知道是哪里出了问题。

脸上的小伤很快就好了，赵洋的生活依然如此，朝九晚五，偶尔相亲，周末去郊外住一天，爬山，拍照。

有一次喝了酒，他再次拨了林一兰的手机，她很久才接。赵洋约她见面，说是要还丝巾，林一兰迟疑一下，答应了。

赵洋开始打扮，洗澡，刷牙，哼着歌，意识到自己的兴奋后，感觉哪里不对，赶紧闭嘴，又不甘心，索性跑出去买了一束花带着，才出门去。

到了相约的咖啡厅，林一兰已经坐在那里，对他微微一笑。

赵洋忽然手足无措起来，递上百合，没坐下就开始道歉："那个，那天，真对不起，我犯浑了。"

林一兰歪头一笑："哪天？"

他忽然就没话了，尴尬着笑。

林一兰说："那天我去郊外，是发现了他跟别的女人约会，所以愤怒中撞了树，幸好被你解救。我那天很恨他，所以利用你了,说对不起的应该是我。”

赵洋早就猜到了这样的剧情,他并不关心这个,他关心的是林一兰的现在,还有那个暴怒的他。

林一兰似乎猜到了他的心思,说:“我们和好了。我跟你睡了一觉之后,忽然就不恨他了,我们扯平了。”

赵洋觉得很恍惚,于是林一兰的笑脸就变成了许多的林一兰。他甚至忘记了是怎样分别,又是怎样回到家的。只是,进门的时候,手里还握着那条蓝色的丝巾,那丝巾冰冷、腻滑,犹如女子柔软的肌肤。他将它贴在脸上,贴了好一会儿。

五

连续两周,他都去看那片油菜花,每次都将车停在曾经停过的地方,支开三脚架,拍许多的风景,但是却再也没有一个女子向他走来过。关于林一兰,除了那一夜的记忆和一方丝巾,便只剩下了相遇时的回忆。

人生就是一场探险，总会莫名其妙地卷入别人的故事,也许会落入险境,也许会发现风景,也许,只是匆匆路过。我们会路过别人,别人也会路过我们。许多人交错行走,彼此路过,催生了一场又一场的爱欲情仇,离别长恨。

赵洋的身体和心，在别人的故事里匆匆路过了一下。仅此而已。

当寂寞犯了罪

题记：女人最痛心的是你为男人掏心掏肺，他却不是如此。

一

下班，懒，提了一份凉皮回家，迅速吃完也不用洗碗，趴在床上看一部电影，也就到了睡觉时间。第二天七点还要起床做早餐上班。

这就是我，一枚单身女的日子。

除非亚玲出现，我的生活才会起那么一丁点波澜。比如今天，我才提着凉皮走到单元门口，就见她双手抱膝坐在台阶上 45 度角仰头望天。

“天上有男人吗？”我问。

她拍拍屁股站了起来，眼睛立刻停留在我的晚餐上:“靠,你也太对不起自己了,在别处对不起自己的身体就算了,总得好好喂喂肚子吧！”

我说:“你得了病得吃药,整天靠来靠去的。”

“今天没得靠,来找你。”亚玲腻歪歪来挽我的胳膊,同时一伸手将我的凉皮夺了过去,一扬手,美味晚餐呈漂亮弧线型飞进了垃圾桶。

“你疯啦。”我嚷,“六块钱呢！”

“我赔你一顿好的。”亚玲继续腻,“赶紧回家捯饬捯饬,我给你介绍一男人,晚上一起吃饭。”

就知道没好事。又是把关把关,她每遇到一个打算上床的男人都会先让我把关。看在可以赚一顿晚饭的份儿上我再次忍了，还容忍了亚玲将我打扮得像一个风尘女——她热衷于给自己挤事业线，自然以为别人也跟她的兴趣一样。

我长吁了一口气:“我是吃饭去的,这样勒会影响食物下落的。”

“你就知道吃。”她一边使劲挤着,然后用腿抵住我的后背系上扣子,一边说:“我是为你好,你再这样过下去都要长毛了,再下去就报废了。”

“我知道我胸小,但是胸小也不至于这么惨吧？”

“你不是胸小,你是脑子小,比别人少一块儿。”亚玲一边前后左右给我紧胸衣、垫海绵,一边喋喋不休,“风情点儿，你屁股翘，别老穿宽松款。你要知道，男人迫切需要女人和女人迫切需要男人的心情是一样的，不要紧张，千万别紧张。”

你妹才紧张，吃个饭我紧张个鬼。

亚玲想了想，忽然凑过来：“左手换右手的日子你过不够啊。”

我想了半天才想明白，一个无影脚踢过去，她已经蹿了。我迈着小碎步跟在她后面，盘算着她和某男四目相对燃烧的瞬间，我能以最快的速度将爱吃的菜盘拖到自己面前。

二

我低头猛剥虾仁，忽然觉得头顶两道光径直扫了过来，像两只手电筒在我的事业线上扫来扫去。当老子是好惹的，我猛然抬头，顺着那两道目光直视过去，此男猝不及防，迅速收回了两道贼光，结果没收利落，碰倒了自己面前的清水，杯子倒了水也洒了，不用看也知道，以他坐的姿势，裆部已经湿了大片。

我没想到亚玲这厮居然不按常理出牌，吃饭的居然有俩男人四双眼睛，而她只有一双眼睛迎接火花，剩下那双没办法，就归我了。归我就归我吧，居然上来就一句：“你知道，我是学服装设计的，如果你上衣选枚红色会更妩媚。”我一口汤差点喷出来：这货会不会聊天啊。

然后我就没理他了，只想赶紧吃完走人，他却还沉浸在自己的沾沾自喜里面，面带微笑，慈祥地望着我吃饭，时不时递一张纸巾，夹一筷子菜，还说："慢点吃，慢点吃。"

你知道，被一个陌生男人以盯食物一样的目光看来看去是很不爽的。虽然我很想恋爱，很想结婚，很想像亚玲一样，床上总有一个贴身的人。虽然，面前的骚年还不错。

我风情万种地舀了一勺嫩嫩的豆花，将白瓷勺子吞进去一半，用另一半闲下来的嘴巴说："谷利帅哥，你喝汤嘛，很好喝。不会洒的。"

谷利听到汤字果然皱眉，夹一夹腿。

人生最大的乐趣莫过于此，一边吃美食，一边欣赏对面的男人出洋相，我不但食欲上升，荷尔蒙都向上蹿了好几个刻度。为了证实，我找个机会将勺子掉到地上，借着弯腰去捡的间隙仔细溜了一眼，哈哈，果然如我的想象——他的裆部湿了一大片，而且他居然穿了条浅色裤子。我在心里狂笑了三声，低着头，弯着上半身，手里握着捡到的勺子，角度太挑战，内心的欢乐也太澎湃，只听山崩地裂一声响，胸前一松，我长出一口气，太舒服了。然后才意识到，纳尼，该死的亚玲为了给我挤胸丧心病狂选了小一号的内衣，现在它抗议了，爆炸了，扣子飞了！

谷利倒立的脸出现在桌子下面，和我面对着："需要帮助吗？"我感觉全部的血液都回流到脸部，艰难挤了一个笑容出来，天知道这个笑容比乳沟更难挤，我说："没事儿，勺子掉了。"

这顿饭吃得很经典，亚玲挽着谷利的哥们先走了，居然都没发现俩配角身上发生的大事件。这样的朋友一定要绝交，我盯着亚玲款款而去的背影直咬牙。然后，我和谷利面面相觑，像两个患难者一样相互搀扶着走出了饭店。

他夹着腿，我缩着胸，时刻担心断掉的胸衣带子会掉下来。走到僻静处，谷利突然说："不如我给你拽下来，这样怎么回家，会丢人的。"

我咬着牙，本来想说滚，结果话到嘴边却变成了："好吧，孙子。"就像我一下子窥视到他的裆部一样，他也一眼看穿了我起身之后消失掉的乳沟。

他没介意孙子的称谓，大方地将手伸进我的后背，冰冷，我一抖，他停住，等我的身体完全安静，他又摸摸索索一拉一拽，带子下来了。

"你真有经验啊，这个都会。"我说出口就后悔了，这话怎么听着像吃醋呢。

谷利也不是省油的灯，接得很快："我可是如假包换的单身。"

我一转身便跳上了出租车："单身再见。"

谷利追在后面喊："哎，哎，我送你吧。"车子一闪，他捂着裆部艰难奔跑的身影消失在了大街上。

三

亚玲第二天就将谷利领到我面前："交给你了，这家伙从昨天饭局结束就拼命给我打电话吵着要找你，他看上你了，你自己处置吧。”

谷利没有理会亚玲，径自挤进来：“我是来道歉的，昨天冒犯你了，不然你也冒犯我一下，咱们扯平。”

我说：“滚。”

他二话没说，抱着身子滚进了客厅。

亚玲如释重负，一副我终于给你找到愿意要你的男人的样子，现在你晚上也不用那么寂寞了，咱俩一样了，我也心安了，走了。

谷利滚到客厅中央，站起来了，打量屋子，又打量我：“如果你不愿意侵犯我，我给你做顿饭吧。别拒绝我，我知道你是个吃货。”

他匆匆跑出去，在门口提了一个大袋子进来，材料还真全啊，蔬菜水果肉蛋奶，居然还有一枝鲜花。

我看着他忙里忙外，看着阳光从狭小的窗棂射进来，然后打在他的身上，看着小小寂寞的厨房第一次迎来这样的时刻，心底有什么东西悄悄复苏。也许，亚玲说得对：“所有的男女关系都是寂寞犯的罪。”

谷利果然做出了一桌很好吃的饭菜，美食当前，我们热烈地聊了起来，他说他从小父母便离异，很早就自己照顾自己，所以练了一手好厨艺；我说我在一家会计公司工作，单调琐碎无聊，很想有一场热烈的爱情弥补一下……他忽然凑过来说：“我是可以制造热烈的！”

一切都是爱情开始的模样。

这之后，谷利开始隔三岔五地出现在我的门前，今天一起吃饭，明天看个电影。有他在的那些晚上，日子有些色彩了。

一个雨夜，他去接我下班，我们撑着一顶伞回来，他的衣服都湿了，于是，就没有走。半夜，他爬上我的床，冰冷的肢体很快变得温暖，继而开始燥热，被子都掀了，还是出了许多汗，我们汗津津地相拥在一起，雨滴打在窗棂上，好像在讲一个缓慢而平静的爱情故事。

那之后我们便同居了，谷利收拾了一个简单的小包拿过来，有时候会过来住，日子成了两个人的。

某个旖旎的夜晚，我们又一次像两滴露珠慢慢在飘摇的风雨中凝在一起，变成一颗颤抖的大露珠，又颠簸着分开，恢复到自身的状态。月光很美，我躺在月光下，好像穿了一件纱衣服，那个情景太满足、太幸福，以至于我想把这一刻永远保持下去。

“谷利，你想过买房子吗？”

“买房子做什么？”

“结婚啊。”

“结婚，好啊。”他坐起来，猛然又扑到我的身上，墙上的两条影子重叠在一起。

我反倒犹豫了，答应得太快是否是因为没有思考过？还有，我这样有求婚的嫌疑不？

但是,他填充了多少午夜的空白,他解扣子娴熟美妙,一双手好像在你的身体上舞蹈,他舞起来的时候,所有的荷尔蒙都跟着活跃。原来人可以控制许多东西,却无法控制身体潮汐的起落。

四

周末下雨,我跑去阳台上收衣服,阳台没封,淋雨着凉,傍晚肚子惊天动地地疼了起来,半死不活地翻日历,大姨妈要光顾了。

愈是痛苦愈显爱情的重要,我忍着痛趴在床上给谷利打电话。谷利接得很快,声音甜腻:“亲爱的,这么早就想我啊?”

我撒娇:“肚子疼,大姨妈。”

他哦了一声:“我知道了,那今天晚上我不回去了,亲爱的好好休息。”

我一口气差点没上来,不回来了,不回来了!他以为我是通知他今天晚上的床上运动取消了吗?

没等我说啥,谷利便把电话挂了,我又疼又怒,满头冷汗,一腔悲凉。不一会儿,敲门声响,到底是那厮惦念我,赶回来了吧?我几乎是爬着来到门口的,一个快递小哥站在门前俯视着我,很同情道:“请签收快递,要帮忙吗?”

心境要多悲凉就有多悲凉。

“不要。”我咬着牙签字关门,打开包裹,两包红糖,两包红枣。附小纸条一张：“我百度了，这两样东西对痛经很有好处的。你亲爱的谷利。”

我扬起手把纸条撕碎，扔进了垃圾桶，红糖没扔，因为确实需要。那天晚上，我像一个八十岁的老人，猫着腰，身上围着毛毯，煮了红糖水，一口口喝下去，暖了胃，却没有暖心。肚子疼了一夜，第二天，强迫亚玲买了药来吃。我说：“你帮我去说，我要跟谷利分手。”

亚玲惊奇地问：“你们不是处得挺好的嘛，你看你最近过得多滋润？”

“找个人解决寂寞空虚真容易，可是找个人结婚呢，真难。”我说。

亚玲说：“这年头人都怕寂寞，只有二缺才会想真情假意，有用吗？你用男人养活吗？还是说非要仰仗男人做精神支柱，别这么认真好不好？”

我心说：“我就是那个万里挑一的二缺。”

我问了亚玲一个问题：“你虽然不寂寞，可是，你敢结婚吗？”她想了想：“这不敢。”

是的，谷利是能解决寂寞的男人，我们像两条干渴的鱼一样互相吮吸，我们的所有联系和美好原来都是在夜晚。

我刚认识他时他就是个会熟练解胸衣扣子的男人，认识了几个月之后，他仍然是一个会娴熟解胸衣扣子的男人。日后，他也许一直都是一个会娴熟解胸衣扣子的男人。

和一个男人在一起,是为了结婚还是为了性?结婚是上床的保护伞,当没人需要这伞了,谁还多此一举?

谷利第七天傍晚终于出现,手里举着一枝玫瑰:“亲爱的,送给你!”看来是想制造又一个旖旎的夜晚,这方面他很在行,一直做到了一百分。

我一把打落了他的玫瑰。我说分手的时候谷利很吃惊,不明白自己做错了什么。

我当然什么也没做,只是搬了家,顺便将这个叫谷利的男人拉了黑。

舒淇都说了,女人最痛心的是你为男人掏心掏肺,他却只给你掏老二。可是现在的男人只会给你掏老二,谁给你掏心?!当然,也没人接受你给他掏心。

当在一起只是寂寞犯的罪时,那我一定要管好我的寂寞,留给爱。

第三部分

爱·青涩

3

这世间所有的相遇都是久别重逢

题记：无所谓爱与不爱、得到与失去、物质和不物质，这世间所有的相遇都是久别重逢。久别重逢之后，自然就会相爱。

一

我现在的学生，叫罗威。本该相信缘分的时候，他却是个沉静理智到无趣的人，他不相信这些，所以也不留意，他的生活单一到单调，比如每天都会在固定时间走进嘻嘻冷饮店，靠窗坐下。不用点，女服务生就会捧一杯果蔬奶过来，这个女服务生喜欢穿棉布裙子，高高吊一个马尾。和五年前的思思很像，思思是罗威的前女友。

有时候无聊，他会盯着她细碎的脚步遐想：也许，五年后，这个貌似淡然的女孩子也会像思思离开我一样，离开她买不起房子车子的男朋友吧？

此时，一天的工作结束了，罗威不愿意回家。自从思思走后，家里变得清冷寂静，除了睡觉之外别无意义，一个人的家真不适合居住。

南方的四月，暖风微醺，空气中流淌着甜香。冷饮屋非常小，是由一座通透的小小阳光房改成的，经营者是两个女孩子，也许有一个是老板，说不好。

罗威在靠窗的位置坐着，有时候玩游戏，有时候看书，有时候用微信随便找个人聊聊天。夕阳透过玻璃打在身上，像流淌的彩色的水。

女孩子送了果蔬奶，留下一个微笑，转身便走了。他打开微信，试图找一个人打发时光。巡视一遍，只有空鱼儿在线，便给她发过去一个笑脸，"嗨，你好。"

空鱼儿是他最近新认识的微友，罗威用"微微微"的名字和她聊。上班的地铁上，喝东西的间隙，都会下意识地打开微信看看她在不在，他喜欢她的快乐。人与人之间是有气场的，哪怕作为聊友也是。空鱼儿说她毕业后，不愿意朝九晚五，于是，有钱的老爸给她开了一间寿司店，她每天上班都像个幸福的小厨娘。

罗威有时候会给她发一些好玩的笑话和图片。她回复："店里来客人，我要去做寿司了，一会儿给你唱歌。"说完便离开了。每天晚上他们微来微去，她经常会打开语音给他唱歌。

这天,空鱼儿忙去了,罗威一个人喝着奶,无聊地望向窗外,这个习惯还是思思给他留下的。他们相爱四年,最美好最惬意的幸福时光终是抵不过香车宝马的诱惑,她跟着一个有钱的公子哥走了。

正胡思乱想时,电话铃忽然间响起,居然是思思,罗威的手有些抖,这是感应吗?接起来,思思的声音已经带着哭腔:“罗威,你还爱我吗?”

二

罗威那天跟我说:

“我把思思接回来的时候,她的妆也哭花了,凌乱得像一朵风中的花。原来,思思外婆病重,她回家三天,回来的时候就发现公子哥和一个风情女纠缠在床上。她气疯了,匆匆忙忙收拾了几件衣服就来投奔我。

“几个月不见,思思丰腴了,因为保养得好,肌肤水嫩。面对她期待的眼神,四年的美好时光倏忽过眼,这些日子的思念、空虚,一起酸溜溜地涌上了心头。我承认,我没有勇气像个爷们那样指着大门口让思思滚出去,我还爱她,所以,我伸开手臂,像以前那样将她圈在了怀里。

“与思思和好,我的生活和以前飞快地衔接了。晚上,屋子里有一个热乎乎的女人,我们一起吃饭,一起散步,一起洗衣服,我再也不用自己一个人待在嘻嘻,用一杯果蔬奶和微信打发一晚上的时光了。

“有人说，最严酷的刑罚是在旧伤上加新伤，听起来毛骨悚然，不过我真尝到了这个滋味。某一天下班，毫无征兆地，思思再一次离开。她留言称富家公子为了道歉，已经赔了她好几只名牌包包，生活还是要继续的，没有爱情可以，但没有面包是会饿死的。所以，她走了。”

我站在空空的房间里晕头转向，在夕阳漫下来的时候，我就像一个机械的木头人般出现在了嘻嘻冷饮厅。小小的厅里，顾客居然很多，我没有理会照例端上来的果蔬奶，而是昂着头，对她说：“有酒吗？”

她眨眨眼，走到里间，拿出了一瓶酒。

再次醒来的时候，我又一次眩晕，不是家，不是单位，这是哪里？

一个穿着棉裙子的身影闪了进来，她说：“你这个人好奇怪，好心给你一瓶酒，那可是本店的非卖品哦，你居然喝多了，害我一夜不能睡，把床让给了你。”

我脸一红，马上站了起来。

女孩说：“你有些日子没来了，我以为你搬家了，原来是恋爱了，又失恋了。”

“你怎么知道？”

她一笑：“你醉的时候乱说，可不要怪我。”

我没有回家，简单在嘻嘻洗漱了一下就跑去上班，女孩追在我身后喊：“我叫小美。”

三

我又恢复了这样的日子，每天下班都要拐到小街尽头的嘻嘻去，在那里用手机或者 iPad 跟一个叫空鱼儿、开寿司店的女孩子聊天。

唯一不同的是，我知道了这个穿棉裙子的服务生叫小美，有一颗干净淡然的心，和思思是完全不同的女孩子。许多孤独寂寞的日子，她填充了我的生活，她不忙的时候会陪我喝果茶，也会拿出一点酒来。小美说，这酒是以前的男朋友留下的。再后来，她的雇员辞工了，剩下小美一个人忙不过来，我便会放下手机帮她的忙。小美也会隔几天把我的脏衣服收一下，拿到她的店里洗。我们成了朋友，有花香暖月的夜晚她会关闭店门，我们拉着手去不远处的广场散步，买冰糖葫芦吃。

我越来越依赖小美。

那次，我发了奖金，带小美出去吃海鲜，小美开心的笑容像一朵花。我忽然又想起了思思，她不会屑于在这样一个地方吃一顿海鲜，她向往五星级酒店，奢华，贵气，异彩流光的衬托。

“你真的不喜欢名牌包包、奢华礼服吗？”

小美笑嘻嘻地答道：“谁不喜欢，不过我买不起。”

“物质女孩不是自己赚钱买名牌的。”我一边将剥好的虾放进她的碟子一边说。

小美说:“我也曾经物质啊,你不要带着轻蔑的语调来评价物质女孩。每一个物质的女生心里都有一个空洞,在没有爱的时候,便需要物质来不断地填充。”

“那你现在是有爱还是有物质?”

小美忽然低下了头:“都有过。我五年前和男朋友一起来到这个城市,除了爱什么都没有,后来我就不爱他了,爱上了名牌包包,鞋子,衣服,爱上了住在大房子里,出门有车开的日子。我离开了他,和一个追求我很久的高富帅在一起,什么都有了。只是后来,我才明白,他之所以这样辛苦追求我,不过是因为我和他身边的女孩子不一样,他们妩媚,直接,奔着目标而去。而我呢,像一朵山野里的花,纯洁干净。后来我变成了那样的女孩子,他自然就不喜欢我了。再回头的时候,男朋友已经结婚,我卖掉了所有的名牌包包,开了这家小店。所以,我现在和你一样,爱没有了。”

为我的一无所有干一杯。小美有些醉意了。我把她送回嘻嘻,安顿好,她在半醉半醒间,轻轻攀上了我的脖子,嘴唇花瓣一样落在我的嘴唇上。她说:“你很像我的初恋。”我心里像突然着了一把火,只想将她挟裹进怀抱。可是,我怎么能和另一个思思在一起呢!

小美得不到我的回应,不一会儿就睡着了。我久久地注视着她的睡容,那么恬淡清静,让人流连和喜爱。那晚,我轻吻了小美,然后离开。

四

我再也没有去过嘻嘻。三天之后，单位做了一次人事变动，我主动申请到另一个区域去了。既然注定是一个畸形的开始，不如不开始，我不是因为自己没有物质基础就贬低所有有物质需求的女孩，只是觉得，相比于冰，我还是更喜欢水——干净，透明。

现在，唯一陪伴我的就是空鱼儿了，晚上的时光总是那么长。空鱼儿是个有趣的女孩子，能把我熟悉的歌唱到稀奇古怪，我渐渐忽略了其他微友，每天晚上都成了我俩的约会时光。她跟我说她爱上了一个人，可惜那个人走了，她只好用自己的方式想念他。

我也跟她说过我和思思的所有故事，我们四年的大学时光，我们之间的是是非非，思思的新男友出轨，她回来找我，我再次接受她，没想到，我会被一个人伤害两次。我告诉她，我甚至都给思思买了戒指，只是，她不稀罕罢了。

空鱼儿说："你把戒指怎么样了？有没有愤怒地扔掉？"

"我才不会呢，因为愤怒而把钱扔掉，那是傻子才做的事？"

"那，你的戒指放在哪里了？"

我说："不然我送给你吧。"

空鱼儿没有言语，半晌，她忽然哈哈大笑："我就是思思，我就是你的前女友，怎么样，你还要不要送给我？哦，对了,你的钻戒是几克拉,小了我可不要。”

明知道她是在开玩笑,我还是有些动气。我说:“是不是女孩子天生就物质啊。”

她沉默了一下,说:“每一个物质的女生,心里都有一个空洞,没有爱的时候,便需要物质来不断地填充。”

居然和小美说的一样,看来,女孩子内心里拥有的东西都是相似的,记得以前思思也这样说过。可是,我明明给了思思爱情,她为什么还要物质呢。可见,这是一句带有装饰性的谎话。

空鱼儿说:“我知道你在想什么, 每个女人都需要光彩,每个女人都需要爱情,只不过每个人的分配不一样,有的人要爱情多一些,有的人要物质多一些。”

“你什么比较多一些?”

“保密。”她笑,然后下线睡觉。我给她留言,要她第二天打开定位,晚上有惊喜给她。

我忽然想见她。

五

第二天,罗威借助市场调研的机会,打开微信和定位,来到西城,记得空鱼儿说过,她在西城。他挨家寿司店找过去,一天过去了,微信没有提示近距离微友在线,罗威没有发现空鱼儿的身影。

他说:“很沮丧,思思,小美,空鱼儿,当时都一起循环在脑子里转，我想利用小美帮我忘记思思，又想利用空鱼儿帮我忘记小美，也许她们物质，那么我又何尝不卑鄙。”

思思已经成为过去式，空鱼儿只是存在微信中的一个模糊身影，那个叫小美的女孩，那个穿着棉裙子、吊着高高的马尾、吻起来清甜如花瓣一样的女孩子却如此真实，不知道她和她的嘻嘻有没有什么变化？

来到嘻嘻门口的时候，踯躅了一下，莫名地有些心慌。隔窗能看到罗威常坐的位置，空着，玻璃桌上端端正正摆着一杯果蔬奶。小美依然穿着棉裙子在小厅里走来走去，她忙完了回到吧台，低头打开手机。罗威的微信忽然嘀嘀提示着，手一抖，差点儿失控。空鱼儿微信上线，定位显示，和他相距不到十米，他飞快环顾四周，只有这一座小小的玻璃房沐浴在夕阳中。天啊！罗威几乎是冲了进去：“小美，空鱼儿。我是微微微……”

小美愕然抬起头：“你也喜欢聊微信用魔音？”

罗威几乎被这样低概率的巧合惊住了：“你不是说你开寿司店吗，你怎么会是空鱼儿？”

小美说：“寿司店是我真正的梦想啊。”她还说：“我曾经为了物质放弃了爱情，可是现在，我只想在这样一片恬淡的夕阳下爱上一个干净的男人、过平静的日子，我每天都给你留着位子……”

一个月后，罗威拿出全部的积蓄在闹市区给小美开了一家寿司店。

流淌着各种寂寞也流淌着各种奇遇的城市,并不因为两颗相爱的心而有丝毫改变。不,他们现在还不是热恋的情侣,但是很快就是了。

无所谓爱与不爱,得到与失去,物质和不物质。这世间所有的相遇都是久别重逢。久别重逢之后,自然就会相爱。

换购来的爱情也昂贵

题记：总要有一份温暖且贴心的执着，来化解掉包裹灵魂的外壳。

一

我们都喜欢传奇，是因为传奇太遥远了。我们都喜欢浪漫，是因为都不敢放任自己赌上时光去浪漫。

所以，传奇都是属于别人的，浪漫也是，比如我经常供稿这家杂志的最新主编。几年前，她的人生和时尚主编完全不搭。

她叫樊丽丽，但是我们都叫她粒粒。

故事开始于三年前。

某个周末，已经是大半夜，粒粒还蹲在网上买里程，打算换购一张廉价机票去腾冲。她一连开了十几页网页，寻找，比较。网页密密麻麻地在屏幕上闪烁着。

粒粒自幼父母离异，她跟着母亲相依为命，大学毕业后一个人执意飘在城市。唯一的乐趣，就是天南海北地旅行，一个人，背着包，山高水远。

全价机票肯定买不起，粒粒就在网上买里程，换购廉价机票。

粒粒感激各大航空公司推出的这个里程换购机票业务——刷卡消费1元积1分，18分换1飞行里。许多人的积分很多，却没有出行机会，所以，便廉价将里程积分出卖，粒粒到处搜罗这样的里程，换到的机票几乎都是4到6折的价钱。

很快，她便在百姓网寻到了一个信息："本人出售12000个航空里程，800元。可当面交易，也可支付宝。联系人，程颐。"下面是一串手机号和地址。粒粒瞄了一眼，荷花小区，距离自己的住处不过十站路。

粒粒迅速算了一下，12000个，换一张到云南的机票应该没有问题，于是打开手机，将程颐的号码存了进去。

二

夜里下了一场薄雪，树梢上还旖旎着一层白，像给树镶上了一道银边，空气还有些冷，阳光懒洋洋的，有些不作为的意思。

粒粒戴着大围巾和帽子,穿了双排扣收腰大衣,举着相机不停地拍,拍树,拍行人,连电线杆子都拍了。拍着拍着,一个黑色的身影闪进镜头里,用一双眼睛盯住粒粒的镜头。粒粒吓了一跳,急忙移开相机,抬起了头。

黑影站直身体,说:“你是樊粒粒小姐吧,我是程颐。”

粒粒一拍脑袋,忘记了。她不是出来拍照的,而是到荷花小区来和面前这个人买里程换购机票的。

粒粒抬起头,没有注意到男人的脸,只是隐隐约约看到了三个字:我很帅!黑色外套,高高的个子,眼睛很深,好像混血儿,嘴唇却很宽厚。

当程颐的目光晃过来的时候,粒粒觉得不好意思,于是伸出手来说:“你好。”程颐握住她的手,惊呼了一声:“你的手好凉!”

粒粒缩回手,低头翻钱包找钱,程颐也没多说什么,一手交钱一手交货。末了互相再见。

“有钱人也卖里程啊。”粒粒一边装钱包,一边小声嘀咕了一句。她以为只有自己这样的穷人才会巴巴地在网上买里程积分,或者将多余的积分里程卖出去。

程颐本来已经是转身,又回过头来,说:“第一,里程在手里这样过期很浪费;第二,我不是有钱人。”

粒粒吐了一下舌头,又一次举起相机拍树,却感觉身后有一双眼睛。她很少这么紧张,不禁绷直了身体,顺手理顺了头发。果然，一张风景没拍完，一张脸再次出现在了粒粒的镜头里。

戴上手套吧，女孩子的手禁不起这么冻的。

粒粒接过那一抹微凉，抬头想说不用，却被程颐一抹倾国倾城的微笑给震撼了。原来男人也可以如此倾国倾城啊！

三

粒粒带着那副手套飞去昆明，然后转机直飞腾冲机场，又坐顺路车到了顺古镇。就算是晚上，这里的温度也有十几度，这样的温度手套根本就派不上用场。

粒粒背着柔软的羊皮手套走在顺古镇，走到古旧的青石小路上，高跟鞋嗒嗒作响，敲碎了一巷子的清寂。真是美，小巷子，石板路，树是绿的，草是青的，河水清凌凌蜿蜒。猛然从繁华的大都市置身其中，好像进入了另一个世界。

她坐在一块青色的大石头上，掏出背包来喝水，又碰到了那一团柔软的羊皮。眼前闪动着一个高个子男人深邃的眼睛，忽然就有了分享的冲动。这么多年，她一个人行走，赚钱，再行走，已经忽略了分享的快乐。

那是一块巨大的青石，不知道是做什么用的，反正表面已经很光滑。粒粒在包包里翻出眉毛夹来，用力在青石上刻上了两个字："程颐。"然后做贼一样站起身，逃也似的跑开了。

晚上,粒粒宿在了农家院里。漫天的星光,睡不着。手机响,一下,又一下,粒粒跳过来接,居然是程颐。

他说:“你换购到机票没有?我是第一次卖里程呢,做一下售后调查,不知道会不会有什么问题。”粒粒回答:“没有问题,我已经在云南腾冲了。”

“真的啊,那儿美不美?”程颐表现出了万分的兴趣,“你很喜欢旅行吗?”

粒粒突然之间很伤感,她喜欢旅行吗?不,她只是喜欢那种被陌生环抱的感觉,喜欢在美景中徜徉,好像自己不属于尘世。

程颐忽然变得很低沉,他说他大概能了解那种感觉,人在彷徨无助的时候就会喜欢与大自然亲近,与历史亲近。

粒粒差点就哭了。

遥远的顺古小镇,粒粒好像在人世间寻到了依靠,她隔了电波和一个叫程颐的男人聊天,一直聊到月亮升起来,心底的温暖也升起来了。

四

一个礼拜后,粒粒回到了自己所在的城市。开始整理照片和游记,这是她的谋生手段。雪早就化尽了,阳光从窗口探进来,很暖。整理发送完毕,粒粒打开QQ,她答应了程颐，回来之后要给他发照片。

程颐在线等，一张张惊叹，最后说了一句："怎么都是风景，没有你呢？"

粒粒对着幽蓝的屏幕笑："我一个人，自然只能拍风景，等哪一天我成了别人的风景，上面就有我了。"

忘记是从哪天开始的，她每天在网上冲浪的时候，他都会在。他们会谈很多心事，包括小时候的顽劣，但是，却避免着现实。

后来，粒粒很长一段时间都没有离开这个城市，因为她工作的杂志社在市场持续的低迷中停刊了，她又一次加入到找工作的大军中，每天拼命发简历，参加面试，写文章赚钱，好像很久没有程颐的消息了，渐渐忘记了他的样子。

半年后的一天，手机上忽然蹦出了一段话："嗨，你还要积分里程吗？我又积攒了一些积分。"

显示的名字是程颐。粒粒心里一动，忽然想起那副温暖的羊皮手套、腾冲的大青石还有那一晚月色中的闲聊。人世间，熙熙攘攘，大多是陌生和冰冷，温暖也是一种缘分。她忽然很想见他。

仍然约在荷花小区见面。此时，已经是春暖花开的季节，一树树红绒花在风中颤抖，阳光好像一层碎金。程颐站在一棵合欢树下，淡蓝衬衣，双手斜插在口袋里。

那天他们一起吃了饭，因为程颐忽然说不要钱，反正是出差用不了的积分，还因为他们已经算朋友。粒粒怔了怔,决定请程颐吃一顿饭。饭吃完了,程颐又拉着粒粒拐进了步行街的真锅。咖啡的苦涩在清寂的小屋里氤氲。他说:“生活能不能在不停地搅拌下,出现甘甜美味的泡沫呢?”粒粒微怔,她其实一直都在使劲搅拌,不是吗?纵然买不起房子,得不到爱情。

五

又过了一个月,粒粒已经攒够了一笔钱,手上还有程颐送过来的 10000 积分里程,加一点钱,应该可以换购到一张去西藏的机票。可是,在出发之前,她忽然想念起了那块大青石!

机场没有太多人,又都是行色匆匆的。粒粒买了一瓶饮料、一本有自己摄影作品的杂志。一转身,就发现了程颐,手里拿着一张机票,愣愣地看着她。

“你不是,要去西藏吗?”

“你也去腾冲?你居然买全价机票!”

粒粒因为惊愕和不解,很有些结结巴巴的。

因为我想把你走过的路都走一遍,因为我不确定,你到底在想什么。程颐这次紧紧盯着她的眼睛,满眼都是深情和期待。

粒粒忽然间恐慌了。生活太嘈杂了,哪里有爱情的容身之地?何况,她现在一无所有,能守住如此沉甸甸的一份爱情吗?

于是，粒粒在去腾冲的路上选择了逃跑，换了手机号，换了住址，舍弃了 QQ，一切，都要从头开始。

无数个夜，她会捻起那副羊皮手套戴在手上，暖融融的，带着一个人的体温，他怎么样了？还会不会积攒积分为她换取旅程？他那么优秀，应该早就找到女朋友了吧？

她想：拒红尘却又陷红尘，是这个时代太多人的通病吧，逃避着，却又期待；拒绝着，却又无法忘掉。

就那么剩着，冷着，期待着，又害怕着。

粒粒开了一个博客，也注册了微博，每天会写一些心情上去，包括对程颐隐隐的牵挂和思念，还有她心里的顾虑。太喧嚣的人生，会有爱情的容身之地吗？浪漫，是爱情中最美好的硬件吗？

六

粒粒在两年之后终于生活稳定，做了一家摄影杂志的编辑，将母亲接到身边来一起生活。

她再也不用靠积分里程换购的方式来买机票四处游走，她完全可以穿着最新款的巴宝莉风衣，买全价机票。

又是一个薄雪的夜，睡不着，冷，于是翻箱子找被子，就翻出了那副手套。依旧是柔软、平滑，满满实实地拿在手里，心里一暖。索性爬起来开电脑，又一次打开了百姓网，在网页弹开的一刹那，她心里有点堵、有点甜，也有点酸，说不上是什么滋味。纯黑的羊皮手套就躺在枕边，可是，那已经不是笃定,而成了忧伤。

有帖子刺痛了她的眼:"程颐要送积分里程换购给粒粒。程颐要送积分里程换购给粒粒。其他人勿扰……"一条又一条。粒粒的眼睛忽然就模糊了,看看最新的一个帖子,居然发在一个小时前。帖子后面有人跟:"何必呢哥们,你为了换取积分,已经负债不少了吧……"

粒粒觉得手有些颤抖,一个字一个字拨下了那个熟悉的号码。她问:"你那些积分,都是自己消费的吗?"

程颐在电话里沉默了一会儿,说:"开始那一次是表哥的,他不会操作这些。后来的……就都是我自己的了……我也去了顺古镇,还在那块大青石上坐了一下……我还一直在看你的博客,甚至我还加了你的关注……"又说:"嗨,我为找你的足迹,已经走了几百万里程,可以换购许多东西的,而且很便宜,你要不要?"

粒粒想笑,却滑下两颗大泪珠:"免费我就要。"

程颐说:"不是免费,是倒贴,行不行?"

总要有一份温暖且贴心的执着,来化解掉包裹灵魂的外壳。当爱情和传奇来临的时候,许多人的反应并不是拒绝,只是他们冷得太厉害了,要许多的温暖才能化解。有点耐心,浪漫就变成了传奇。

胶囊房里的水晶之恋

题记：我有很多很多钱，我只要很多很多爱。

我爸很疼我，但是我常常不买账。说出去，会有很多人想打我的，我爸有钱又爱我，我活得像公主，可是我一直想像灰姑娘那样寻找爱情。

我要去寻找最纯粹的爱情

圣诞节，半夜一睁开眼睛就发现老爸戴着硕大的红色圣诞帽，扭动着肥胖的身子，将一个礼品盒悄悄向我的床头放。

我伸手扭亮台灯大声叫道："老爸，您的女儿我今年不是四岁，是二十四岁了！"

老爸说:“这还是为了让我的宝贝女儿开心，早点睡，明天要相亲的。”我说我不要他来安排相亲,我要寻找自己想要的爱情。

老爸饶有兴致地问:“那么,你想要什么样的爱情呢?”

我说:“要一个英俊的,贫穷的,上进又阳光的男人。当然,在遇到我之前,他是一只青蛙。而被我吻了之后,立刻就变成了王子。”

“不许你先去吻人家!”老爸一激动,就站起来,指着我喊。

真是让人扫兴。反正,我不要相亲,不要找一个有钱的花花公子。

“那我就不给你钱!”老爸又使上了这招。我现在已经大学毕业,是个成年人了,凭什么还受他的威胁。于是,我说:“不要就不要,我自己能养活我自己。从明天开始,我不但不再要你的钱,我还不打算再住你的房了,我要去寻找自己的爱情和生活。”

老爸气得张口结舌,最后只好连声说:“好,好,你到时候别哭着回来啊!”

他像一枚真正的王子

我把雅诗兰黛换成玉兰油，跑到超市买了几件衣服，将身上的大品牌统统都丢在家里，收拾一个箱子就出门了。直奔中介,第一步,先安身。

很快便在中介租到了一间最便宜的房子，这套“胶囊房”在城西区，小小的两室一厅，被房东巧妙地打造成了七间微型房，在每个房间里面，床、卫生间、饭厅，一应俱全，只是空间小得可怜，床和储物架是悬空的。月租金只有600元。

我的房间在203，看得出来，是客厅改造的两个小间，中间自行建了一道很薄的墙。

拖行李箱的时候，因为没有技巧，卡在了305和306的楼梯间。这面积也太小了，人住进来会不会都变得心胸狭隘呀。我嘟囔着，想起了家里200平的大别墅。

“我来帮你吧。”正当我奋力拉箱子的时候，头顶响起了一个声音，磁性深沉，悦耳。我被这个声音惊艳了，晕乎乎抬起了头。面前站着一个阳光帅哥，高个子，白毛衣，牛仔裤，有一双很深很沉静的眼睛。

我结结巴巴地说：“好，好吧，谢谢你。”他蹲下身子，一边帮我拉箱子，一边问：“刚搬过来吧？以后大家就是邻居了，我住204，所以，不用客气。”

他很轻松地将箱子给我抬进屋子里，安置在房东弄出来的空中隔板上，说：“好了。”

然后就走了。瞬间，隔壁房间响起了键盘的噼里啪啦声。

我收拾床铺，打开箱子，卫生间和厨房上面架起了一张床，悬空着，顺着木梯子来来回回，几次，就收拾完了。看看表，已经五点了。于是，洗澡，换了一身衣服，跑到隔壁去敲门。“帅哥,你帮了我的忙,我请你吃晚饭吧！”

帅哥来开门,上下打量着我:“我不叫帅哥,我的名字叫天翼。另外,你都还没有找到工作,不要浪费了,再说我也是举手之劳。”

我在心里迅速盘算着：他长得那么像我心目中的王子,住在这样的地方,肯定是穷人家的孩子,我怎能放过!于是就说:“算认识一下也好啊，我刚搬过来，什么都不懂。”

他迟疑了一下子,说:“要不这样吧,你请我,在我家里吃,我这里有电磁炉的。”我立刻欢呼起来:“那好,我去买菜。”

买菜回来,他已经在电磁炉里面烧着水,我一边洗菜,一边环顾他的小房间，床铺也是悬空着，却收拾得很整齐,厨房的菜台上没有一颗菜,倒是摆了一摞摞的书。我帮他把书移开,打开水龙头洗菜。水开了,小小的屋子里热气氤氲,很温馨。

结果吃的时候才发现,我不但忘记买火锅底料,连调料都忘了,青菜豆腐已经被他一股脑放进了开水里煮,怎么办?我急得脸都红了,没想到吃个火锅也这么复杂。他很爽朗,说:“我们可以蘸一点盐吃啊。”于是,我们在满屋子的热气中,就着一点盐水吃起了水煮青菜,很香甜。他说:“我刚出来自己生活的时候,也是什么都不懂的,慢慢就好了。”

我喜欢热心的王子

我发现，天翼真是个有趣的邻居，他听小夜曲，还会吹笛子，据说还练过几年声乐，怪不得有一副好嗓音。有时候他来找我，有时候我去找他，我们一起去投简历、找工作，晚上，我去借他的书看，居然会有一本《十日谈》。我假装看得懂，时不时跟他探讨。他会做饭，会收拾房间，懂许多东西。

本来是闹着玩跟老爸赌气，现在因了一个天翼，我真的下决心要在这里安营扎寨，锻炼出一个全新的自己了。

半个月后的一天傍晚，老爸开着奔驰出现在楼下，一声声喊我的名字，居然还带着一个戴着眼镜的斯文男，正逢天翼在楼下倒垃圾，我急中生智，对迎上来的老爸说："您别这样好吗？我说了我不喜欢钱，你不要再逼我做你的儿媳妇了，我不会同意的。"

老爸当场石化。我挤眉弄眼。他自顾自说："这个是肖文，人家主动来这里看你的。"

我说："叔叔，你还是回去吧，我给你电话。"

老爸的脸扭成了麻花。我急忙凑过去小声说："老爸，拜托你有点专业精神好不好，我现在可是一枚贫穷的、还没找到工作的大学生，能有你这样开名车、穿名牌的老爸？"

老爸总算是明白了："好吧好吧，就当你体验生活了。我给你一年时间，如果还找不到你的爱情，就给我乖乖回家。"

奔驰车消失在夕阳中，天翼站在楼门口，默默地注视着老爸离开的方向，用一种古怪的语气问我："你居然还有这么有钱的亲戚啊？"

我急忙申辩："什么啊，是一个富商，非要我做他儿媳妇，我才不肯当金钱的奴隶呢，坚决不会同意的。"我看到天翼看我的眼神出现了变化，那么温和深情还有别的什么。晚上，天翼做了鸡蛋炒饭请我吃，还说真是佩服我这样不物质、勇敢又美丽上进的女孩儿。我脸上泛着红光，肠胃忽然一阵绞痛，肯定是缠死人的肠胃炎又犯了。我疼得满头是汗，差点就想给老爸打电话救命，没想到天翼比我更急，一边打电话叫出租，一边已经背着我向外跑。

那几天，天翼天天在医院陪我，帮我去食堂买热乎的饭菜。我说要还他住院的钱，他宽厚地笑笑，说先养病要紧。

我怕打针，天翼握着我的手给我打气。那感觉真是奇妙，好像飘在了云端——老爸送我奔驰小跑的时候没有，去阿姆斯特丹吃小松饼的时候也没有。

如果我没有钱，你还会爱我吗？

两个月后，我和天翼都相继找到了工作，他在一家酒店做管理，我去了一家私企做文员，开始了朝九晚五的生活。第一次发工资，我跑到他家里请他吃火锅，我不但买了底料、调料，还买了虾丸和粉丝。他举杯庆祝我进步了。我们都喝了酒，酒后他的嘴唇落在了我的唇上，好像一朵花缓缓在心里开放着。他说："我会努力，你相信我！"

我相信，一个住在"胶囊房"里、上进聪明而又绅士的男人，不正是我要寻找的白马王子吗？

那天，305的帅哥将老婆带回来，说是两个人已经领了证，要让这小小的"胶囊房"见证纯粹的爱情，所以，要请所有这套楼的住户们吃喜糖。我和天翼都过去了，热热闹闹坐了一屋子的人，大家吃着糖，兴奋得满脸通红。在这个物质至上的年代，这样的爱情多么让人向往。他们的房间也是这么一小间，木梯上拼接出了一张床，床头贴着镂空的大红喜字，映衬得满室生辉。

天翼悄悄在我的手心里画字，一个又一个："如果我没有钱，你真的会爱我吗？"

我当然会啊。

眼前这对住在"胶囊房"里的年轻人，他们没有房子，没有钱，可是他们那么幸福，因为爱情，是这个世界上最无价的东西。

去年秋天，天翼遭遇了财政危机，急需10万块钱，快要愁死了。

他喝醉了，我思前想后，将一张10万块的卡放在了他的枕边，想了想，又顺手打开他的电脑，在文档上敲下了几行字。我说，我不是穷人家的孩子，我老爸经营着这座城市最大的连锁超市，我从小就被他宠在手心里，住别墅、开名车、穿公主裙，到夏威夷去度假。自从我过了23岁生日，他便开始给我介绍男友,今天是地产公子,明天是电信大亨的儿子,可是,我并不快乐。我想寻找自己想要的爱情和生活,就搬出来冒充穷大学生。不知道你会不会介意我骗了你!

忐忑地等到第二天,提了早点去敲门,站在门内的居然是房东大娘,她说:"这个住户早上就退房了,已经搬走。"

搬走了?我觉得眼前金星乱闪!昏昏沉沉回到自己房间,天翼不见了,拿着我给他的10万元。不不,我不相信他会为了这10万元!

就算天翼搬走了,这里也依然有他的气息,我决定再住一段时间。

我在心里对他说:"傻子,不就是没有钱吗?"

公主直接吻到了王子

又是一年的圣诞节,天气很冷。我已经学会了做火锅、炒菜,还爱上了一个男人,我在等他回来!

有人在放烟火,整个城市都是喧闹的,"胶囊房"里的其他住户都在煎炒烹炸,只有我,仍躲在冷清清的房间里。

敲门声,试探的,固执的?我隔了门喊:"老爸,我不会回去的,你走吧!"

安静了一小下,一个声音传过来:"菁菁!"

天翼!我跳下床,一把将门拉开。天翼站在门口,手里有一捧花和一个五彩缤纷的平安果，他说："菁菁，你，能原谅我吗？"

我抑制住扑上去的冲动，冷着脸说："那要看你的理由了。"

天翼将花推到我的怀里："这是我自己赚钱给你买的。"他说。

原来，天翼也不是什么贫穷的大学生，他的老爸是著名的房产大亨，母亲是公务员，他从小过着衣食无忧的生活，觉得没有自我，甚至奋斗起来连个方向都没有。就和老爸打赌，搬出来一个人闯，他和老爸约定的是一年期限，他赚够第一个 10 万，然后就可以脱离家族的安排，过自己想过的生活了。没想到赚钱不是那么容易，他在离家一年之后，就算住在最便宜的"胶囊房"里也依然没有赚够 10 万元。

他以为回到家，就会失去我，失去自由，所以苦恼，没想到我居然也是假冒的……

这下子，他犹豫了，他不想转了一圈之后又回到原来的生活轨道。所以，他逃了……

"既然逃了，为什么还回来？"我问。

"那是因为我居然无时无刻不在想你。我想明白了，这世上有千百种生活，也就衍生出了千百种幸福。纯真的爱情没有模式。"

"不，有模式，我要青蛙变成的王子。"

天翼坏坏一笑:“直接吻一个王子也是不错的,你要不要试试?”

公主和王子的结局

又一年后,我和天翼离开了“胶囊房”,首付了自己的一套房子。当然,双方家庭都是出了一部分钱的,一家10万,这是我和天翼给他们的封顶数,其余的,我们要自己赚,因为我们有爱情,因为我们年轻,有希望!

依然会想起那套局促的“胶囊房”。“胶囊房”,多么贴切的称呼,这一间间小房子不但治愈了许多年轻人“无房症”的烦恼,还治好了我和天翼对原有生活生出的倦怠,我们都在“胶囊房”里学会了感恩和生存。

在这个世界上,无论是钱还是情,能得到你想要的就会幸福,不是吗?

爱情是没有模式的,幸福更不会有标准的考试答案,非要整齐划一。找到了对的人,用到了十分的心,怎样的爱情都是好爱情,怎样的幸福都是真幸福。也许你会觉得我们这样的人做作——大家都在拼爹,我们却要拼自己,说为了理想太虚了,那又是为了什么呢?我其实也说不清楚,而幸运的是,我得到了自己想要的一切,无比满足。

姑娘,你真是条汉子

题记:男闺密是怎样一种存在。

微博征集 gay 闺密

很长时间一个人在这座城市生活,又经历过不大不小的职场风波和几次短暂恋爱,我愈发像个女汉子,自己可以换桶装水,可以修马桶,还能在短时间内做完一份表格,我甚至还尝试过看看恐怖片,最后只有作罢。我发现会做一切,生存无忧,可是依然无法摆脱寂寞。如果有个男闺密就好了,身体是男人,感情却是闺密,越想越美,于是对着电脑屏幕蓝幽幽的光,我一个字一个字地写着微博:“诚心诚意征集同城男闺密。”要求如下:“男的,要喜欢男人;福利:我可以帮你隐藏身份,在找到女朋友之前假装做你的女朋友；免费享受我的大厨级手艺……申明:我是女的,长相紫薇,性格小燕子;性取向正常,不喜欢女人……再次申明:我是外貌协会的,所以,所以,你一定要帅哦！”

点击,发送,窗外夜色正浓,我起身冲一杯咖啡,不想睡。

找个帅帅的gay做闺密是我考虑了很久的想法,我是个受不了孤独的人,喜欢有人陪,喜欢在寂寞的时候可以找个人聊天,喜欢有人安慰,有人一起逛街……一年前被要好的闺密抢走男朋友的事一直都耿耿于怀！从此,我只要男闺密,没想到一个月前,一个相处了很久的异性朋友居然抱住了我……想要个闺密,有这么难吗?

一杯咖啡喝下去,微博上已经提醒有私信进来了。

私信是一个叫“摸摸鱼”的TD发过来的:“梁晓声说,一个好男人的一百个男朋友,也没有一个好女人好;一个女人的一百个女朋友,也不足替代一个好男人！我是gay,自认为够帅。另外,我也是外貌协会的,能不能发一张裸照过来,我对闺密要求很严格的！”

这个摸摸鱼我熟悉,他关注我好久了,真是没想到,我的粉丝里居然还隐藏着这么一个gay男人。

我回:“呸,想占姑奶奶的便宜嘛,要发也是你发裸照先！”

那边回:“长夜漫漫无心睡眠,应征个男闺密都被打击吗？别急着拒绝，gay 帅男也是可遇不可求的哦！”

也是，又帅，又符合我的要求，这样的男人确实不好找。

反正也不想睡，索性和这个摸摸鱼你来我往地聊起来，真是不聊不知道，原来他和我之间有那么多共同之处，比如喜欢一切时尚的东西、害怕一个人的孤独寂寞……我笑：“男生喜欢逛街的可是不多。”他很严肃地回：“别忘了我可是个 gay，不是纯粹的男生。”

我隔着屏幕吐舌头，如果这个情景画成一幅漫画，我的头上一定飞舞着 N 条黑线。

我要检查下你是否符合我的标准

我和米克见面是在一个星期之后，用他的话说是正面侧面调查了他的祖宗八代，确认他是 gay，无不良心态，才最终决定见面。

他的本名，米克；工作，西点师。

地点选在一间茶楼，因为米克也喜欢这间茶楼的普洱。他本人比照片上阳光帅气，高高的个子，眯眯眼儿。穿了一件招摇的紫色马克·华菲。如果不是这件衣服来衬托，我实在看不出他居然是个 gay。

他喝茶的样子也很让我放心，翘着兰花指，一小口一小口，那个样子很古怪，却让我很踏实。

第一次带米克回家，路上叮嘱道：“我家里有人民币，你要有心理准备。”他满脸放光：“呀，看不出，你还如此深藏不露！”

直到我冷笑着打开门，一条狗吐着舌头扑上来，米克一声惨叫，扔下手里的袋子就跑，西红柿滚了一地。我盯着他逃跑的背影，笑得像个傻瓜一样。一边对他大声介绍道：“怎么样，这就是我的人民币！”

米克在楼梯拐角处回头，阴阳怪气地说：“真变态，我喜欢人民币，可是我怕狗。”

如果不是gay，能这么怕狗吗？

我兴高采烈地把自己关在厨房里做了一顿美餐。整个过程，米克一直都在我的身边转悠，时不时还评价一句：“咦，你这样的女人做老婆很好呀，为什么没人要？”

就算他已经升级成为我的闺密，也不该肆无忌惮地揭我的伤疤吧，我挥舞着勺子将米克逼到角落里，恶狠狠地约法三章：“所谓闺密，就是要时时考虑对方的心情，只能说一些发自肺腑的恭维话，OK？”

米克眨眨眼睛：“恭维话可以发自肺腑吗？这么麻烦，我看我还是走吧。”

我举着勺子横在了门口：“想走，没那么容易，信不信我一勺子打出你的大便来！”

米克思考了一分钟：“好吧，我信。”

这几天，我和米克在一起的时间很多，他会搭配衣服，逛街的劲头比我还浓厚。我跟他说一些小秘密，他只管听，不打断我。我们像哥们那样去坐过山车，他的尖叫比我还大声，紧紧抓住我的衣服，可是我试图拉他的手，他别别扭扭地甩开了。而且他力气很大，帮我搬重东西毫不费力，这样安全的gay闺密简直是超值大礼包，附送了太多福利，我怎么可能放他走？

一个月之后，我开始改口叫他米克姑娘，因为他除了是个男人，一切的表现都太像个姑娘了——喜欢吃甜食，吃一点点，因为怕胖，还定期减肥，跟我一起做瑜伽，QQ里有暧昧的男人聊天。对于这个称呼，米克抗议了几回，但是抗议无效。

我们现在的关系是这样的，我忽然觉得大姨妈来了，会喊："姑娘，去帮我买包卫生棉。"

换衣服风波

这几天秋老虎肆虐。周末，米克带我去玩漂流，冰爽一下子。

那天，我们玩得非常过瘾，在经过一个巨大漩涡的时候，一个大浪打过来，排山倒海的架势，让我和米克同时尖叫，从头到脚马上便成了落汤鸡，皮艇旋转着冲向下游，惊险又刺激。途中，还遇到一对情侣，扔给我们一把水枪。于是，我们跟那对情侣互相射击，水花四溅，笑声也四溅。延伸出来的结果就是，四个人的衣服都湿透了，裙子紧紧贴在身上。那个男的一上岸，就把自己的外衣脱下来披在女朋友身上，眼睛里的余光瞥了一眼米克，好像他女朋友曲线毕露会被米克占去多少便宜似的。我说:“切,小气。我们家姑娘才不在乎女人呢!”

那男的回头:“什么?”

米克像拖皮艇一样把我拖到了车子里,要我闭嘴。

有什么了不起,我关上车门,才发现裙子上滴滴答答的水,于是命令米克:“姑娘,快点把后备箱里准备的衣服给我拿出来。”

米克一副受伤严重的表情:“你想干吗?”

“干吗,难道这样你不难受吗?湿答答的。当然是换衣服啦。”

“你好歹要顾虑一下吧,我是男人哎!”

然后他的眼睛就瞪大了,像见了鬼一样。顺着他的惊恐望过来,我已经迅速将身上的湿衣服脱掉,团成一团,递给他,要他一起放进后备箱的塑料袋。

米克几乎是踉跄着下了车,砰的一声把车门关上,等了足足有五分钟,才再次艰难地爬上车子。

难道你是去做衣服吗?我接过来,胳膊碰到了他的手,他急忙缩回去,竟然在微微发抖。

衣服换完,回头,发现米克直勾勾地盯着我:“你你你,干吗这么色迷迷的?”

他抹了一把脸,做痛苦状:“羡慕,纯粹的羡慕!”

原来如此,我转身用一个熊抱安慰,他嗷一声号叫,那感觉好像我要强奸他。奇怪,那个感觉很踏实、很温暖,原来闺密也是需要缘分的吧，可惜，他是个 gay。

我说："就算你不喜欢女人，也不用反应这么大吧，很伤自尊的。"

米克感动得稀里哗啦："今天你让我看了你的裸体，我就是你的人了，赴汤蹈火……"

什么乱七八糟的。我给他一爆栗子："快去换衣服吧。"

"不换！"他一副凛然不可侵犯的样子。

唉，gay。

闺密的职责之一就是帮我追男朋友

我和米克背靠背坐在地毯上听歌。我问他，喜欢什么样的男人，我挑剩下可以帮他留意下。他问我，我说我的目标是找一个帅哥，嗯，当然是有钱的帅哥最好了，最好跟我们单位的陶安安一样的。米克像头豹子一样站起来，问："陶安安是谁？"我猝不及防，仰身跌倒在地上，摔了一个四仰八叉，像一条鱼。好你个米克，敢暗算我，看我怎么收拾你！

遂闭上眼睛，屏住呼吸，一动不动。

却无声无息。这个死米克，难道我晕过去了你都不着急吗？正要暴跳而起，那厮忽然自言自语起来："看来，需要做人工呼吸了。噢，上帝，原谅我。"

他的呼吸一点一滴地近在眼前了，本来要一跃而起的我忽然间心跳加速，在他的嘴唇和我的嘴唇接近到

0.00001 厘米的一瞬间,我睁开了眼睛。他突然受到了我眼神的惊吓,但由于惯性使然,两片嘴唇钳了上来,花瓣一样带着露珠。不,这只是我的想象。事实是这样的,他直挺挺地俯冲下来,覆盖在我的身上,最惨的是嘴唇,一跌一撞,火辣辣的疼。

那天我发了很大的火，因为接下来陶安安居然约我了,问我明晚能不能参加他的生日会。我心急如焚,在刚才那一场失败的人工呼吸中，我的唇碰到了米克的牙齿，肿了。

米克给我出主意,可以戴上口罩啊,就说感冒了。

我说:“米克,你负责给陶安安买生日礼物,作为补偿。闺密的职责之一就是帮我追男朋友。”

米克做休克状:“那我不做你的闺密了,我要升级。”

“你能升级成什么,哥哥吗？那更要帮我谋求幸福,除非你能升级成我的男朋友,不过……”我盯着他一张白净的脸:这也太难了些,比山无棱天地合还难。

米克愤愤然出走,第二天出现的时候,手里多了一个精致的盒子。我跳起来跃上他的脖子:“哇,姑娘,还是你想得周到,陶安安肯定喜欢这个钱包做礼物。”

晚上,米克、人民币两个虎视眈眈地对坐在沙发上看电视,留守。我换裙子,戴口罩,将那个系了漂亮丝带的盒子啪嗒扔进包包里,给他俩挥手:“亲爱的们,祝我好运吧！”

米克懒洋洋说:“呸(配)。”人民币也哼了一声,大概意思是:“真配。”

一坨狗大便扼杀了我的爱情

如果说我 25 岁的人生丢的丑能排个一二三等奖的话,那么今天晚上绝对当仁不让位列第一——陶安安当着一屋子的同事,笑眯眯地打开礼盒,眼神暧昧。

然后,突然五官纠结,一声狂叫。难道感动到了失常?米克买的是一个 LV 限量版嘛！贴心的人啊！

我忙低头看去,天啊——漂亮的礼盒里面,居然是一坨大便,凭着 3 个月的养狗经验,我迅速认了出来,那正是人民币干的好事……

整个晚上，我都追在陶安安后面，满脸委屈地解释：“真的是意外,陶安安,对不起,对不起,是人民币干的,不是我,我的意思是说,人民币是狗,不是人民币！”

陶安安看在混乱的人民币的份儿上,把我轰了出来。

走在秋天夜晚的街道上，我的心忽然感到无比惆怅！身后有嗒嗒的脚步声,回头,见米克牵着人民币,默默地跟在后面。我扑上去大哭:“他怎么不想想,养宠物的女孩子都是善良有爱心的吗？”

米克狂拍我的后背:“乖，天涯何处无帅哥……”我忽然想起了什么，冲过去抓住人民币一阵狂踢:“你干的好事,毁掉了本姑娘一辈子的幸福！”人民币痛到忘记自己是一只狗,杀猪般叫着,米克终于看不过去了,大义凛然地挡到了它面前:“钱小鱼同志,是我干的,你放过人民币吧!”

“你你你,也太恶心了,居然……在礼盒里拉大便!”

“我是说,我让人民币拉进去的,不是我干的。”他张牙舞爪。

“为什么?”我比他还张牙舞爪。

“你这个笨女人怎么回事,你没有感觉吗?我怎么会喜欢上你这么笨的女人,我真不应该加了你的关注,每天好奇你的生活,然后走近你,试图跟你一辈子谈论诗词歌赋看雪看月亮!”

我被一通琼瑶体弄得晕头转向,好奇超过了震惊:“可是,你是什么时候变成……正常男人的?难道说本姑娘是宇宙无敌小魔女,不,小魔仙,有着改变人性的力量?”

米克说:“切,这年头,人都能变性,何况 gay。不,我的意思是说,我根本不是什么 gay!我狂补 gay 知识来应征当你的闺密,是因为我爱上你了!”

姑娘,原来你真是条汉子!冷风一吹,我的惆怅忽然醒了,怪不得他那些行为都显得怪怪的,原来是在装蒜。

“那么,你居然看过我的身体,你这个骗子,我也要看看你的!”米克环顾四周:“不好吧,这个事儿,回家再说。”

“NO!就要现在。”我冲上去扒他的衣服。

片刻,夜空里响起一个男人的号叫:“女流氓啊!”在他的后面，一个穿着高跟鞋和红裙子的女人为了扒下他的衣服奋不顾身，女人的身后，是一条狂追的狗！

是的，男闺密最终变成了我的男朋友，这不是很好吗?!

漂在路上的明信片

题记:在这个世界上,谁没有在人群中产生过孤单的感觉呢,谁不渴望浪漫的产生,并随之来一场舒展灵魂的相遇呢!

一

我将小薇的旅程简单整理了一下,就变成了一个温馨而又略带忧伤的故事。

其实,比起其他单纯的旅行者来,小薇并没有什么目的——第一站,来到了坝上草原。正是初秋的时候,草原上葳蕤茂盛,繁花点点。累了,靠在一棵树上休息。大树很粗壮,它已经存在100年了吧,树洞里放着一张叠放得很整齐的纸片。小薇无聊地拿起来,那上面写着一句话:“如果你也品尝过人群中无处不在的孤单，你愿意把祝福和倾诉一起传递吗？”

纸张有些发脆发黄，是经过了风雨浸染的结果，她不知道是哪个旅游者经过时写在上面的，在茫茫人海中，是不是所有人都期待着一种神秘缘分的牵引呢？所以，会有人在这个树洞里写下一张小纸条。她翻来覆去看了几遍，除了一句话外，还有一个单词儿：“iCardYou.”小薇将这张纸条当作一个小小的意外，塞进了口袋。

彼时，她是个失去了工作、失去了爱情的不如意姑娘。一连串的打击让她对生活产生了怀疑，也丧失了奋斗的热情。之前，小薇一直都规规矩矩生活在所谓的世俗里。可是，这样的日子并不能带来快乐和开心，甚至，在价值观混乱的今天，连一份稳定都得不到。

她决定给自己一个机会——一个叛逆的机会，退了房子，将一些必要的行李物品保存在要好的朋友家中，轻装上路了。

没想到，来到草原的第一天晚上便下起了雨，秋雨绵绵，纠缠不休，晚上住在旅舍里听雨，上网，打开白天在树洞里发现的小纸条，顺手输入那个 iCardYou，居然是一个网站。iCardYou：明信片传递的意思，许多明信片爱好者，还有旅行爱好者，喜欢和更多的人分享自己的喜悦，所以，会给陌生人寄送明信片，只要注册了会员就可以发起话题。小薇翻看着以往的那些话题，有关于沿途风景收集的,有自制明信片的。一个半年之前的话题吸引了她的注意,那个话题是:只爱陌生人。话题的细则是,参与者可以在自己去过的任何地方,留下明信片或者网站主题内容……话题的发起人,名叫杰西。

小薇想:那么,我在树洞里发现的这张纸片应该就是这个话题的实施者放上去的了,那会不会就是这个叫杰西的人呢?

按捺着好奇,她在当地买了一张大草原风光的明信片,按照杰西在 iCardYou 留下的最新地址发了过去。

小薇在上面写道:“天地间太大了,我需要安慰。”

发完了,就忘了。只等雨过天晴继续向前走,徜徉更多的风景。没想到这雨竟然下了 3 天。第三天早上天晴了,她收拾好行装,准备继续出发。结完账,老板娘喊住了她:“哎,你叫戚薇,那么这个小薇是不是你?昨天就邮到了,只是不知道是谁的。”她手里晃动着一张明信片。

小薇接过来,心里一惊,居然是那个叫杰西的人发来的明信片,因为她留了旅店的地址,他便发来了。

谁没有品尝过人群中的孤单呢?陌生人的祝福会陪伴着你!他在明信片上写道。那是一张重峦叠嶂的图片,有轻纱一样的薄雾缭绕在山腰,颇养眼。

二

小薇一路带着这张来自华山的明信片,心中充满了奇妙的感觉，孤单的感觉淡了许多。她想，也许我是实行这个陌生人计划最用心的一个，到了哪里都会给杰西发张明信片，有时候根据自己的心情写一句话，有时候则什么也不写，只画一朵花。

为了等他的明信片，小薇经常会在一个地方停留几天。他们在明信片这个小小的天地上交流，有时候写一两句话，有时候密密麻麻地写一整面，但是一直都遵守着iCardYou的规则——不能相见，除了路上的行程外，不能留下具体的联系方法和地址。

一个月的时间，小薇积攒了一大摞明信片，她向杰西倾诉自己的困惑和迷茫，希冀着在未知的路上找回人生的价值与乐趣。而他也说自己的事，原来，他是意大利人，已经在中国生活了10年。他发现，许多人的不快乐都是因为对陌生人太戒备太冷漠，却又对身边的亲人和爱人充满了太多的期待……所以，失去的时候会非常失落。所以，他在iCardYou中发起了这个活动。他也喜欢旅行，是纯粹的喜欢，基本上是那种工作一段时间就必然要出去一段的人，在陌生的地方，对着陌生的人微笑。他说："你会感觉到，生命不是那么无趣，陌生人之间也可以很温情。"

小薇想起了曾经的自己，和周围的大多数人一样，每天坐公交或者地铁去上班，在车厢里，人人都冷着脸，漠然，冰冷，空茫。

她开始试着对陌生人微笑，有一次，小薇在山路向陌生的帅哥微笑,他解救了迷路的她。

分别的时候,帅哥说:“你的微笑真好看,但是,不要再一个人到深山里去了,很危险的。”他叫李路,和小薇一样,是个背着背包四处游走的穷游族。那天,他们结伴出山,他问小薇怎么能保持如此放松和快乐的心情,会在风尘仆仆的路上对陌生人露出那么美那么自然的微笑,小薇把iCardYou告诉给他,他惊奇地大叫:“天啊,太浪漫了!”

看着他夸张的表情,小薇心里忽然涌动着莫名的情愫,是啊,多么浪漫的相遇!而杰西他,到底是个什么样的人呢?

她在心里默默地说:“杰西,请告诉我怎样才能找到你?”心被强烈的好奇驱使着,想着一定要找到他。

三

小薇和李路一路上相谈甚欢,他索性放弃了自己的行程同小薇一起行走。李路身材颀长、风趣幽默,他会帮她拉箱子,会安排酒店,会拉着她在微风中奔跑,风儿吹动着她的长发和长裙,无限美好。

小薇和杰西还是互通明信片,每到一个地方,她都会写明信片给他寄过去。杰西停留在西部,已经很长时间没有变换地址了,他不是一直都在路上行走吗,为什么不再变换地址了呢?小薇把自己的疑问发了出去,杰西回答:“不再变换,是因为喜欢。喜欢,是因为一种冥冥的缘分……”

在江南小镇的一个简易茶楼里，李路给小薇讲起了他的故事。他来自一个很富有的家庭，并不是真正意义上的穷游族，他一直都享受着物质的丰饶，但却在精神上处于贫穷状态。会有许多父亲生意上的伙伴和利益相关的人恭维他，和他结识，但是，他们在他的世界里一直都像是陌生人……后来，家里给他安排了一场相亲，他开始和另一个富二代女孩谈起恋爱。女孩子很理性、很成熟，会对他微笑，会给他冲咖啡，会彬彬有礼恰到好处，但俩人却始终都隔着一层什么。后来他明白了，那个感觉叫作约定俗成。

是的，这是他约定俗成的人生之路，找一个同样富有，和家里生意有利益关系的姑娘，过一种顺畅的人生。后来，李路逃了，没有用家里的钱，做了一名行走在路上的穷游族，试图寻找一种摒弃了理性的、最自然的感情和感觉……

此时，小薇低着头，在给杰西写一张明信片，她说：“我在路上认识了一个男人，他很好，我们结伴同行。原来，这世间所有的陌生人，都可以是朋友。朋友，也可以是陌生人。”

“小薇，你是个富有的女孩，你拥有浪漫，拥有动人的微笑，你愿意和我在一起吗？”李路眼神炽热。

小薇茫然抬起头，富二代，阳光帅哥，喜欢浪漫追求真爱和人生价值的男人。这样的男人，是多少女孩子打着灯笼都在寻找的目标。此时,他是在向她表白吗?

而小薇想的却是:那么,我还要寻找杰西吗?我甚至不知道他是做什么工作的,对他的长相和性格也一无所知。

那段时间,小薇放弃了给杰西写明信片,试图忘记这一段缥缈的相遇,然后敞开心灵,接受李路。

毕竟,这似乎是一段有着浪漫和美好开头的故事,将故事继续下去貌似不坏。

四

一个月后的一天,李路睡着了。小薇把自己关在屋子里,最后一次登录了 iCardYou。有许许多多会员发起的新话题,她拉动鼠标,在最新的主题活动中浏览,毫无目的。

那个话题是忽然出现在视线里的,发起人是杰西,题目只有几个字:"杰西寻找小薇!"

盯着那一行字,她的眼睛渐渐模糊,那个未曾谋面的杰西又一次跳出来,拨动了心弦。小薇忍不住留下了目前的新地址,她说,我需要明信片,请大家寄给我。她想再次收到跟杰西有关的明信片,却不知道该怎样面对。所以,她署了一个假名。

这对杰西不公平,是小薇的自私,可是她无法阻止自己。

小薇无法预知,离开了李路,会不会再遇到这样一个人。可是,如果她放弃,将永远失去那种生命中跳动的渴望与激情的音符，错过人生中许多美丽的相遇和神奇。一整晚，小薇都在网站上流连，在纠结中试图做出一个选择。

第三天，陆续收到了几张明信片，来自祖国各地iCardYou的会员，大家都是杰西那个话题的执行者，明信片上写着："杰西寻找小薇。"

也许是冥冥中的注定，离开的最后一天，小薇收到了杰西的明信片，依然是西部，黄沙漫卷的图片，龙飞凤舞地写着几个字："请问你是小薇吗？你相信距离之外，灵魂和灵魂产生的共鸣和吸引吗？"

泪水突然间夺眶而出，她想她明白自己的选择了。

对不起李路，你很好，可是，有些人和感情，必然以一种先入为主的、最浪漫温情的方式展开，无可更改。

有时候爱情和人生相似，被注入了太多理性和规矩，便也成了一场桎梏，虽然看似完美，却束缚了心灵。这，才是她出发做穷游族，和一个陌生男人互诉衷肠的潜在目的吧。

小薇说："我在10月来到杰西身边，和李路分手了。在某种意义上，我其实是他遇到的第二个富二代女友，虽然我并没有钱。杰西一直都没有离开西部，他说他就是在那里爱上了一个没有见过面的女孩，害怕错过，就再也没有离开。

"那是个阳光很热烈的中午，风吹动着尘埃，在空中飘来飘去,一个高大的蓝眼睛男子站在古道边上。我迎着他,一步步走去,我们中间也许曾经隔着千山万水,但是,一张张明信片铺开了一条叫作浪漫的路……我看着他微笑,张开手臂,他说:‘嗨!’”

“分享,是一种快乐。后来,我和杰西将 iCardYou 变成了一个输送站,每天给不同的需要安慰的陌生人寄去明信片,大家的明信片也像雪花一样寄来。在这个世界上,谁没有在人群中产生过孤单的感觉呢,谁不渴望浪漫的产生,来一场舒展灵魂的相遇呢!”

谁也不知道未来会怎样,但是开始的,已经开始。

嗨，你有离婚基因吗

题记：其实，我们拼命放大的东西往往是缺失的东西。

咱们不合适

我第一次在刘小梨这里听到离婚基因这个词，蒙了好半天。我知道基因，但是离婚也有基因，确实颇骇人听闻。而刘小梨却很固执地说："就是有的，每个人都是一个偶然，自带着不同的基因，离婚基因只是其中之一。"

在我懵懂茫然的时候，刘小梨已经飞快地走了，她说："要赶公交车，我今天要去相亲，晚了就来不及了。"

"重色轻友。"我对着空气说，而刘小梨的身影已经消失，带着她的离婚基因理论。

那天的公交车刘小梨差点就赶不上了，还没有站定公交车就开了，她猝不及防，一下子便扑倒在前面一个人身上。

等她尴尬着起身，一枚霸道的口红印已经印在了对方雪白的衬衣上。她吐了一下舌头，轻轻说了声对不起。如果不是去相什么亲，刘小梨才不会化口红，她整天素颜来去、自由自在。可是老妈说了，这次相亲非同小可，对方又帅又体贴又收入高，必须拿下。鉴于自己对于“脱剩”一直都没什么起色，只好响应老妈的号召，乖乖化妆穿了花裙子，奔赴约会现场。白衬衣无辜被撞，眨巴着深笃笃的眼睛，一眼看到白衬衣上的口红印，惊跳起来：“我能不能不说没关系，我是要去约会的……”刘小梨索性仰起了头：“那我给你洗行吧。”“不行，你得赔我约会……”刘小梨忽然怒了：“流氓。”这俩字一出口，满车的人都像打了鸡血，兴奋地向这边张望，男人忽然脸红了：“我不是说让你陪着我，我是说要你赔我……”

车到春阳站，刘小梨逃也似的一步跳下车，一回头，白衬衣也跟着跳了下来。刘小梨差点哭了：“你还真缠上我啊，我给你赔还不行吗？不是阿玛尼普拉达吧。”

白衬衣一脸委屈：“我不是跟你，我是在这儿下车啊。我约了人的。”刘小梨顺着他的目光看过去——蓝瑟咖啡馆——“难道你是传说中玉树临风有车有房又帅又体贴今天跟我相亲的李元？”

白衬衣点头：“你是刘小梨吧，还好还好，如果是这样，你的见面礼我收下了。”

刘小梨紧绷的心忽然放松了下来：“我说嘛，这世道怎么还有这样完美的好好男人，原来是吹牛，坐公交车相亲的有钱人，噢。”李元急了：“我不是吹牛。”说着一把打开手里的包包，好家伙：房产证、存折、驾照。刘小梨下巴都要掉了：“你有车有房有存款，相亲居然挤公交。”李元：“钱这个东西，能省就省，以后还要娶媳妇的。”

刘小梨歪头道：“你听过一句话没有，人在天堂，钱在银行。”

因为有了公交车上的小插曲，两个人便完全放松下来，像一对老熟人，居然相谈甚欢。李元的确是个好男朋友人选，人很老实，俩人约会了三五次，不但迅速交代了家庭的情况，而且连三亲六故都“坦白”清楚了。

如果不是刘小梨忽然变了脸，这次恋爱也许会在友好祥和的氛围中取得圆满成功。

刘小梨的脸就像六月的天色，说变就变——像开水一样，遇到空气，突然间一点点冷了下来。李元在无比挫折无比郁闷中，给刘小梨发了一条短信：“记得你答应的，要给我洗衬衣哦。”

刘小梨很干脆地回了几个字：“对不起，我们不合适，不要交往了。”

被搅黄的相亲

窗外的夕阳像一抹润滑的奶油,透过玻璃窗涂抹在刘小梨的脸上。茶吧很幽静,刘小梨偷眼看了看对面的男青年,戴着眼镜,斯斯文文。没错,刘小梨又在相亲,她 25 岁了,急切地想把自己嫁出去。眼镜男自我介绍叫石磊,供职于事业单位,然后就没话了。一壶茶见底了,刘小梨无趣至极,想走又觉得这男的条件还行,不如处处,可是处处却如此无聊。她一边喝茶一边回忆起前几天和李元的相亲,不但偶遇在公交车,她还在他身上留下了一个口红印,那天刘小梨离开说他们不合适之后,这几天李元没少打电话,有时候是关心一下,有时候是提醒一下天气,刘小梨都敷衍过去了。既然不合适,就不要过多纠缠。想到这里,她调整了一下姿势,对石磊说:"嗨,你相信离婚基因吗?"石磊一愣:"那是什么?"

刘小梨长出一口气,终于找到话题了,于是开始解释——斯德哥尔摩卡罗林斯卡医学院的生物学小组通过研究鉴定出男性女性体内都含有的一种基因,拥有该基因的男女在婚姻中更易和伴侣争吵,也较难对另一半保持忠诚。离婚基因的产生是由于催产素受基体的变异,还来自于家族成员的遗传……会影响大脑,对爱人的忠诚度大打折扣……从而导致离婚。

石磊目瞪口呆,半晌才回了一句:"你知识真渊博。"

刘小梨一口茶喷了，石磊又接着说："幸好我身体里没有离婚基因，你看，我父母爷爷奶奶姥姥姥爷，还有姐姐姐夫，都婚姻幸福！"

刘小梨心中暗自高兴，终于遇到一个完全没有离婚基因的男人了，她就是要找一个能白头偕老的人过一辈子。没等她表示自己喜悦的心情，房间的门忽然被推开了，石磊没有回头，直接说："服务员，请再来一碟点心。"

"点心里要不要加点芥末？"身后的声音一响，正相见恨晚的刘小梨和石磊都吓了一跳，尤其是刘小梨，一双眼睛瞪得比铃铛都大，进门的人居然是李元："你你，你怎么来了？"

李元也很吃惊："咦，这么巧啊。"

刘小梨一脸诧异，点头，心里有点不自在。

李元做一个手势表示理解："在相亲？"

石磊站起来，问："你谁啊？"

李元看了一眼刘小梨，一歪头，轻轻对石磊道："前……男友，抱歉打扰了，我这就走。"

李元走出去脚还没落地，就听见里面传来一个男人的声音："刘小梨同学，不知道以你的科研范围，人有没有劈腿基因？"

石磊气冲冲地走了，刘小梨心里真是郁闷委屈，好好的相亲，居然被这个李元给搅黄了，他是她什么人，不就是约会过几次吗?还前男友呢，分明只是个相亲对象。刘小梨给石磊发了几条短信解释，都石沉大海，她决定报复李元。

你有离婚基因

周末，刘小梨约会石磊再次失败，索性没有回家，跑到李元家来敲门。砰砰砰，砰砰砰，左邻右舍都出来抗议了，李元才顶着一头乱发把门打开了一条缝。见是刘小梨，立刻变了脸，打算关门。刘小梨是谁，一把就挤进来了，李元号叫了一声蹿进卧室，刘小梨这才发现他只穿了一条三角裤。这家伙日上三竿了还在家玩裸睡。

等李元衣冠楚楚从卧室里出来的时候，刘小梨已经在客厅里喝掉了两罐可乐。

"你怎么找到我家的？"李元问。刘小梨嗤之以鼻："你都能找到我的相亲现场，我就不能找到你的家？再说了，有人相亲带着房产证，难道不会被人记住地址吗？"

"我那是表示诚意。"又说，"你看到了吧，家里连雌性生物都没有吧？"李元笑嘻嘻道。

"呸，谁管你有没有雌性生物，我是来报复你的。我告诉你李元，你无故搅黄了我的相亲，是要负责任的。从今天开始一直到我找到下任男朋友这段时间的伙食，你包了。"刘小梨一口气说完，大大呼出一口气。

"现在，你琢磨下去哪家馆子吧，不用太好，中档就可以哦。别找借口，我赖定你了。"

李元长出了一口气："吓死我了，我以为要我以身相许呢，不就吃个饭吗？小意思，我给你准备最高标准的。不过这之前你得告诉我一件事，让我死得干净点。你到底不喜欢我哪里，我改还不行吗？”

刘小梨忽然间一脸惆怅：“你改不掉的，基因是与生俱来的东西。”

李元大惊失色，一跳三尺高：“难道我们是失散的兄妹……哦不，一定是同父异母的兄妹！我爸和我妈离婚多年……居然……居然……”

刘小梨冲过去给了他一拳：“谁跟你是兄妹啊，不是这个基因啦，我是怀疑你身上有离婚基因，你不是说你爸爸妈妈姐姐姐夫都离婚了吗？”

李元差点一口鲜血喷出来：“你才有离婚基因呢，你才离过婚呢！”他抬出家世，本来还想收获一点来自刘小梨的同情呢，可现在倒好，成了她不要他的理由。

刘小梨无奈，只好坐下来详细给他解释什么是离婚基因，以及离婚基因携带者对婚姻和伴侣将造成的伤害。

“就因为我爸妈离婚姐姐离婚，就断定我有离婚基因，你也太武断了吧？”刘小梨低头，“现在国内还没有相关的DNA 鉴定机构，只好宁可错杀一万不可放过一个了。再说，离婚基因是有遗传因素的。我可是百里挑一渴望白头偕老永不离婚的女纸一枚，要想不离婚，找对对象是第一位，对不对？我相亲过这么多，好容易才遇上一个祖宗八代都没有离婚史的男人，还被你给气跑了，我必须报复你！”

李元原地转了一圈,看怪物一样看着刘小梨,最后冒出一句:“得,我带着我的离婚基因给你做饭去。”

基因是内心深处的恐惧

鉴于刘小梨一直都在相亲,却从来未成功,李元只好一直负责她的伙食。刘小梨没想到李元的饭菜做得这么好,好几次她坐在客厅里看着他在厨房里忙忙碌碌的身影,都悄悄想:如果这家伙没有离婚基因就好了,还真是个不错的人选。可是,生活中永远没有可是。摒弃对离婚基因的坚持,就是对自己的人生负责,这个社会,感情本来已经十分脆弱,基因保障是第一道屏障。刘小梨固执地认为,离婚基因鉴定是未来婚姻市场上的大趋势。

清明节,春暖花开,李元约刘小梨到郊外赏花。桃林里,刘小梨欢呼雀跃,不停地摆 pose,李元的闪光灯一闪又一闪,定格了许多美丽和欢乐。累了,坐在桃花下休息。李元递过来一瓶饮料,犹豫了一下,终于说:“刘小梨,我们在一起吧。”

刘小梨心里跳了一下。此时,阳光正暖,花雨缤纷,一片天地,两个年轻人,多么美好的时光。更何况,面前的李元,温柔干练,人品端正,最重要的是,他居然会做那么美味的饭菜。

可是……他如果有离婚基因怎么办?那么,她深深爱上并离不开他的时候,他忽然出轨了,跑掉了,婚姻散了,爱情飞走了，到那个时候，青春没有了，连选择的余地都没有了，刘小梨该怎样活下去？

不，我不能放弃对于离婚基因的坚守。刘小梨觉得自己近乎悲壮，没有人理解她此时的心情。显然，李元也不理解，他定定看着她好大一会儿，便转身走掉了。既然无法改变，就只好改变自己的方向了。

刘小梨看着他的身影消失在桃林深处，觉得心里有根刺，扎得她生疼。

她再也没去李元家里蹭过饭，他也没有找过她。

半年后，刘小梨继续游走在相亲的路上，她像一个神经病患者一样，聊着聊着便会突然冒出一句："嗨，你有离婚基因吗？"对方有的饶有兴致地听她讲完，有的当她偏执有病，逃也似的跑掉。她想，他们都不了解她，她调查可能成为老公的那个人的离婚基因，是对婚姻极端负责的表现啊。

一个相完亲的慵懒午后，刘小梨接到了李元的电话。他说："刘小梨，我用了很久的时间尝试忘记你，结果却做不到。于是，我试着去了解你固执在意的离婚基因……刘小梨，虽然有科学家证明了人类是有离婚基因的，虽然美国有离婚基因鉴定中心，可是，这个基因其实就是一种病，就算携带也可以治愈。我研究了半年，终于有药了。"

"什么药？"刘小梨有点蒙。

李元说："基因携带方无偿把房子车子工资卡都交给

另一方,这样如果他犯病了,就会一无所有睡到大街上。为了免受身体之苦,其是不会轻易犯病的。还有一个办法,我要赚许多钱,然后去美国做一个测试,也许我没有离婚基因呢,对不对?但是去美国之前的这段日子,你得监督我赚钱。”

刘小梨笑。他接着说:“刘小梨,我刚刚知道你从小和妈妈生活在一起, 其实我们拼命放大的东西往往是缺失的东西。小梨对不起,我以前不了解,我愿意给你需要的东西——安全感。”

沉默,寂静的沉默。只有两个人的呼吸流淌在空气里。

好半天,李元忽然说:“刘小梨,你还没给我洗衬衣呢,口红印都发黄了。我每天看到衬衣都会想起你。”

她握着听筒,想笑,却流起了眼泪。

李元对刘小梨的理解与配合,是因为爱她。但是只有我懂,她拼命在基因上寻找安全感,是因为小时候亲眼见到爸爸抛弃了妈妈……经过这半年的时间,她也逐渐一点点明白了,其实对离婚基因的坚持不过是内心一种对于安定的渴望。

这种安定,疑似离婚基因携带者李元,能带给她吗?

谁知道呢,我只是看到刘小梨的笑容更多了。还有,这没良心的,很少和我约会了,害我一个人都懒得逛街,错过了 N 多次换季打折。

苏小格的治愈系男友

题记：一个女人的恋爱时代，总会出现两个男人，一个是细菌系，你赋予他伤害你的权利，他一转身你就会流泪伤心人比黄花瘦。还有一个男人是治愈系，你躲避不开他的照顾他的心疼他的呵护。

你愿意做我的太阳吗

尽管知道李承连加七天班这样的事有些玄乎，可苏小格还是愿意选择相信他真的在加班而不是在躲她。我们这些朋友费尽口舌，怎么劝她也不听。对于被甩这件事一定要亲自确认，苏小格这样的人是什么事都做得出来的。我们都很无奈，看着她走在自取其辱的路上。

于是，李承只好成全她，说："苏小格，我们不合适，还是分开吧,我没有那么爱你,所以不想浪费时间。”场合是李承正在跟哥们钱大力吃饭,苏小格一路跟踪假装巧遇。

苏小格眼泪哗啦就下来了——崩溃得如此之快,让她自己都怀疑了一下,难道前生是个演员?

“难道你不在乎咱们的感情吗?”苏小格哭道。李承看了看旁边木头一样的钱大力:“女人才依赖感情,男人注重的是感觉,你懂不懂?我现在对你已经没有感觉了。苏小格,你可别让我看不起,咱好聚好散。钱大力做见证,我没有负你。”

说完,李承走了,决绝的背影像一个充满着嘲弄味道的感叹号。苏小格一转头,见钱大力还坐在那里发愣,便对他咆哮道:“钱大力,你怎么会有这样王八蛋的哥们!”钱大力身子一抖，稳住重心没有从椅子上跌下去，无辜道:“关我什么事?”

钱大力是李承的哥们,我们都见过,但是算不上朋友。

“不关你的事,也不关他的事,那你说说,关谁的事?”苏小格说着，抓起桌上的一杯酒灌了下去，辣出了眼泪。钱大力一把没抓住,第二杯也喝下去了。

两大杯酒已经是苏小格的极限,她片刻就晕了,趴在桌上撒泼,杯碗盘子稀里哗啦落了一地,大骂李承不要脸,睡觉磨牙吃饭吧唧嘴脚臭啃老向地铁口拉二胡卖艺的瞎子纸盒里扔纸片……钱大力盯着饭店中众人好奇的幸灾乐祸的眼睛,给饭店赔不是结账,又把苏小格背到出租车上弄回了家。

谁让自己摊上了这号倒霉事?

好不容易才将其安置到床上躺好,苏小格突然一转身攀上了他的脖子:“不要离开我好吗? 我害怕。”

钱大力后来说:“他从没有被女人搂过的身体忽地一下子直了,好像被人提着脊椎拎了起来。热血回流,心跳加快,一股电流迅速在全身流窜,酸酸麻麻,细胞迅速分裂重组,满身的骨骼嘎嘎作响。还有,苏小格的胸柔软得像棉花,苏小格的发香如茉莉,苏小格的小手如柳枝……”

但是苏小格刚醒就跳了起来，斥责钱大力居心不良，居然把自己弄到了他的床上。钱大力差点就改名叫窦娥了,期许能有个死鬼父亲来申冤。奇怪的是,他并不气恼,看到苏小格那个样子,反而心里在隐隐作痛。

一不做二不休,那些日子,她无论是出现在酒吧买醉还是跑到和李承第一次约会的地方缅怀伤心,钱大力都会像幽灵一般跟在身边,流泪了就递纸巾,喝醉了就埋单。苏小格终于醒悟了过来:“钱大力，你干吗，替你哥们赔罪吗? ”

钱大力说:“我凭什么啊,我也不欠他。”

“那你整天跟着我干吗?是不是李承给你钱了,让你照顾我,他还爱我的对不对? ”

钱大力说:“我呸，李承把钱给要饭的也不会给你,你长点心吧。”苏小格被戳中了伤心事,嘤嘤地哭了起来,一边哭一边为李承澄清:“他从不给要饭的钱,他说他们都是骗子。”

钱大力说:“失恋就像感冒,有我帮你疗伤,总会好起来的,我做你治愈系男友吧!”

“治愈系男友?”

“就是帮你忘记旧伤的男友,行男友的职责,负责你的心灵和身体安全,陪吃陪聊陪哭陪笑……但没有陪睡这一项。直到你走出失恋的误区。当然,看在咱们相识一场的份儿上,我可以不要报酬。等你恢复正常,我再转正做你的真男友,我会比李承对你好,我发誓。”

苏小格说:“那,你愿意做我的太阳吗?”钱大力喜不自胜,连连点头:“愿意愿意。”

“那好,从此请和我保持 92955886.7 公里的距离。”

钱大力很受伤:“苏小格,你会明白的,有些男人是细菌系,其主要目的是为了伤害你;但有些男人则来自治愈系,会想尽办法让你微笑。”

爱皮鞋不一定爱胶囊

有钱大力这个接盘侠陪苏小格胡闹,朋友们都放心了,该干啥干啥去了。

听说一个月后,李承挽着一个红衣女孩出现,打算去公司。苏小格忽然间从角落里冲出来,径直扑到了他们面前,悲戚道:“李承,你真的不爱我了吗?你忘记我们一起去婺源，你站在大片的油菜花中间对我发誓，要永远爱我了？”红衣女孩的脸都绿了。李承一把扯掉苏小格的手：“苏小格，你别告诉我你今年才20岁，还相信男人的誓言。”

红衣女孩冷冷地说：“这么说我也是不能相信你的承诺了？”李承头都大了，将火气发到了苏小格身上：“苏小格，我明确告诉过你，不爱了就是不爱了，纠缠有意思吗？”苏小格说：“不，你不是不爱了，你是劈腿了。李承你告诉我，是不是她勾引你了，是不是她用怀孕威胁你了……”女孩的脸已经变换了七种颜色，像一朵花。李承试图解释，红衣女孩抬手便给他了一记耳光。李承晕头转向，向苏小格举起了手，却被另一只更坚硬的手给拦在空中。

钱大力说：“李承，你想对前女友动手吗？”

李承说：“你是哪边的？”

钱大力火速站到了苏小格身后：“我现在是她的治愈系男友，你放心，我会尽责，五分钟之内带她消失，你们，继续。”

钱大力将苏小格拖走了，一路上她都在哭，眼泪把钱大力的手都打湿了，苏小格并不死心，她在李承身上倾注了许多感情，也得到过不少温柔。钱大力也并不放弃，苏小格的身上总有让他心疼的地方，他不忍心，他希望帮她快乐。

他带她去吃饭，看电影，用红玫瑰在她的楼下制造浪漫；带她去坐最大的过山车，哪怕只是在空中的那一瞬间她能忘掉那些疼痛。

一个失恋的女生，如果不沉浸在苦海中自怨自艾，那就不是纯粹的女生。但是，如果一个男人没有在你难过的时候心疼你，就不算治愈系。日子还在继续，却带走了苏小格的许多东西，比如快乐，还有脂肪，那些日子她瘦得很厉害，所有的衣裙都挂在身上显得空荡荡的。钱大力化身为保镖厨师司机兼心理医生相声演员，苏小格的目光依然是湿漉漉的，一双眼眸中写满了一个词儿：伤心、李承。

钱大力说："苏小格，日子还要过下去，男人就像韭菜，割了一茬还会有一茬，我哪点不如李承了，我工作不如他好吗？我家里不如他家有钱吗？就算我长得没他帅……你要不要考虑下？"

苏小格说："爱皮鞋不一定爱胶囊。材质一样不等于功能一样。"

钱大力深深受了伤，马上打开电脑百度皮鞋、胶囊。

如果那些破皮鞋没有被黑厂商做成胶囊，那么，苏小格是不是有可能接受他呢？

谁按下了第七层

进入初夏，苏小格终于恢复了元气，不再一个人跑去喝酒和拦截李承——失恋不过是人生路途中一次小小的感冒，钱大力的药效发挥了作用。她一个人上班下班间或坐在出租屋门口的小咖啡厅发呆，大街上人来人往，钱大力很久没有在人群中出现了。她消瘦的脸庞需要他的猪蹄汤滋润,她空寂的心灵想要他的笑话来填充,甚至她满心的火气都需要他来敞开听觉收纳。

治愈系男友没有转正,如期消失了。

但是钱大力会每天发来一条短信:“好好吃饭,好好睡觉。”苏小格第一次摁下了回复键:“医生说反复感冒最难治。”

钱大力回:“那就多喝板蓝根,你楼下左拐第五间是药店,买同仁堂牌。”苏小格愤怒地将手机收起来关了机,男人都一个样儿,病菌系和治愈系如出一辙。

索性跑到单位里加班,一个人做三个人的活儿,下楼回家的时候才发现天色已晚,远远的有个模糊的影子一直跟在后面好容易甩脱,深夜的电梯里却只有她一个人!

电梯关门的最后一瞬,一个身影疯狂挤了进来:“苏小格,板蓝根买了吗? 我猜你就偷懒不会去,我来帮你买。”

苏小格沉脸,向后退一步,跟他保持一定距离,因为空间狭小,实在无法实现 92955886.7 公里。

钱大力,你当自己是医生吗?你充其量就是一个庸医,把患者治成了医疗事故。

钱大力保持着抬头 45 度角的姿势缓缓地说:“苏小格同学,为了避免沉闷,我给你讲一个电梯故事,你心里还有魔,讲完如果你还不好,我就走。”

“从前有一个女孩子上夜班,下楼坐电梯,因为天色晚了,电梯里只有她一个人,她像平常那样进电梯,摁下了自己家的楼层10,忽然,面前的7层灯亮起来了。女孩想:难道7层有人要进来吗?忽然,她脸色发白,疯狂按动了2、4、5、6楼层的按钮,像一个疯子一样冲了出去……"

苏小格瞪着他,转眼看一眼电梯指示灯,浅绿色的灯指向她家的楼层10,几乎是在一瞬间明白了过来,"嗷"地一声蹿进了钱大力的怀里。

"钱大力,你浑蛋,你要每天陪我乘电梯。"钱大力终于露出了一抹奸笑:"勉为其难吧,作为治愈系男友,应该等你康复就辞职的,你这个要求不太合理。"

苏小格一把揪住了他的耳朵:"钱大力,我从来没承认过你的治愈系身份,如果你耿耿于怀,我现在就宣布,你可以从治愈系转到细菌系,赋予你伤害我的权利。因为从今天开始我不敢一个人乘电梯了,没有你陪,我就会吓死,比受伤还严重!"

治愈系男友,你值得拥有

一个女人的恋爱时代,总会出现两个男人,一个是细菌系,你赋予他伤害你的权利,他一转身你就会流泪伤心,人比黄花瘦;还有一个男人是治愈系,你躲避不开他的照顾、他的心疼、他的呵护。肯做治愈系男友的男生都善良心软,他们因为不忍目睹一个纤弱女孩沉浸在痛苦中,会尽力拯救她们、保护她们,最后爱上她们。

后来，苏小格果然再也不敢一个人晚上乘电梯了，钱大力陪着她形成了习惯。他们还形成了一个习惯，两个人背靠背坐在地毯上，说一些乱七八糟的话。

某一天，苏小格说："喂，钱大力，我昨天遇见李承了……当然，是很普通的那种遇见。他终于给我解释了。你知道李承为什么跟我分手吗？"

"因为你不够好，因为他足够坏呗。"

"不是，是因为我一早就爱上你了，在我还没有发现的时候，他已经敏感地觉察到了。你不如他帅，可是你善良，会在休息日跑去福利院做义工，给孩子们买礼物。善良的男人人人爱。"

钱大力一下子跳了出来："哇！你看上我你早说啊，费这么大劲治愈你我差点都挂了。"

苏小格猛然间被甩空，仰到了地上，她慢腾腾地爬起来："轻易得来的东西没有人会珍惜，授权你做治愈系，也是考验期。"

钱大力眨巴着小眼睛，望着眼前笑如桃花开的女友，半天才憋出一句广告词来："这个时代充满了病态，所以需要有些人随身携带药品。治愈系男友，你值得拥有！"

苏小格明白，治愈系男友，能坚持一点再坚持一点、耐心一点再耐心一点儿、善良一点再善良一点。这个世界上的爱情，不单纯是有爱情就可以了，如果有善良和不忍在其中，会更加牢固。

治愈系男友都是好样的，因为对方心里有病、心里有魔，他要跟她心里的病和魔进行残酷激烈的斗争，直到完全胜利。

所以，她扑过去嵌住了钱大力的嘴唇……所有的治愈系男友，一枚在手，别无所求。

当然，怎样让治愈系男友在适当的时候爱上你也是一门学问。后来我向苏小格请教过，她顾左右而言他，特别不够意思，从没传授给我任何经验。

第四部分
爱·婚说

4

我的老公是个奶嘴男

题记:撒娇卖乖没有自理生活能力受不了丁点挫折,是奶嘴男的特征之一。

我的老公是个奶嘴男

蜜月旅行归来,一脚踏进家门时就吓了一跳,地板上都是水,有几本杂志本来是扔在地上的,居然都飘起来,泛了黄,我一下子就蒙了,目光直勾勾地去看陶煜。

陶煜也惊呆了,他快速将迈出的脚步收了回来。用同样的目光向我询问:"怎么回事儿?"

满屋都是崭新的家具,两个人站在门口对眼儿也不是办法。我果断脱下鞋子,光脚走进了卫生间,可是马桶没堵,水管关得好好的,再看卫生间的顶上,一大片墙皮已脱落，果然是楼上干的好事。

我一边拿着拖布处理水，一边吩咐陶煜去向楼上讨说法。

陶煜放下旅行箱，噔噔上楼去了。我费了九牛二毛之力，才把屋子里的水都弄出去，布艺沙发有些泛黄了，电视柜底下小书架的第一层书也大多没有幸免，放在客厅阳台上我最喜欢的仙人掌也被泡死了，我把自己跌在沙发里，气不打一处来。不成，陶煜一个人势单力薄，我要上去帮他，让这家人赔我的损失。

楼上的防盗门虚掩着，没有听到预想中陶煜的咆哮——难道他真的如此有涵养？婚房被泡了居然如此淡定？

敲门，一个满头都是卷的女人开了门，我说："我是楼下的。"女人点点头："你老公在里面，是我家卫生间不小心漏水了，可是我也不是故意的，你们别想让我们赔，谁让你们不在家？"

我气结，世界上居然有如此不讲理的人！陶煜从屋子里出现了，站在我身旁，轻轻地说："看看，这个人就是这个样子，要不要打电话问问妈妈？"

我怒道："自己的事情自己解决。"然后对那女人说："喂，你家漏水了，却淹了我家客厅，你必须给我们一个说法，不然我们一起去找物业。"

女人一下子提高了嗓门："哎，找物业又能怎样，尽管去。我告诉你们,管物业的是我弟弟。还是那句话,谁让你们家那么久没有人住,我去你家敲过门,没有人没办法……"真是秀才遇见兵,有理说不清,陶煜一个大男人,自然不好说什么,也许他在等男主人回来理论呢,我可管不了这些。后来的结果是我和那个女人大吵起来,引来了一群看客,陶煜一下下拽我的衣角:"老婆,咱回吧。"

那天的结果是,我们在女人趾高气扬的嘲讽声中灰溜溜地逃回了自己的家。天渐渐黑了,我趴在床上,陶煜坐在客厅的黑暗中。蜜月归来的第一天,谁都没有兴致吃饭。

不知道过了多久,肚子咕咕叫了,喊两声陶煜,他没理我,这家伙别是憋劲一会儿去报仇吧,为了几件家具可真是得不偿失。于是,我下床,啪一下打开客厅的灯,却发现陶煜的脸上爬满了泪水,天啊,他居然在哭!

见我发现了,陶煜索性也不藏着了,哽咽着对我说:"小惠,你说咱该怎么办?那个女人太凶了!"

陶煜居然气哭了,我心里一凉,比起被损坏的家具和书来,眼前的情景更让我措手不及。

阳光帅哥背后的阴影

我从不否认,自己是外貌协会会员,但我是有道理的。时尚杂志上都说,相貌端正的人因为从小受到的赞美多,心里多阳光健康。而相反,丑人多作怪也是有道理的,说是相貌丑的人自小就受到歧视,弄不好会心态扭曲。

所以，见到陶煜的第一眼，我的心里就欢呼了一声：就他了！陶煜身高一米八，大眼睛，薄嘴唇，健康阳光，一笑便会露出一排羞涩的小白牙。于是，我们很快就谈婚论嫁，跑出去度蜜月。

谁知道，蜜月回来的第一件事，就像一记重锤，把我给敲醒了。

我开始每天督促陶煜去找物业，一定要解决问题，因为我看到发黄的沙发和一排散发着霉味的书就闹心。这是一个讲道理的世界，吃亏不是福，也许是给下一次吃更大的亏垫底。他用若有所思的眼神看着我，我以为他已经胸有成竹了。

谁知道第二天下班，当我满心期待地冲进屋子时，却看到婆婆挥舞着铲子从厨房里出来了："小惠，下班了吧，快准备开饭。"

我说："妈，您怎么来了？"

婆婆说："小惠你还说呢，遇到了事情不找家长，你们吃亏了怎么办。幸亏小煜老实，今天特意把我接了过来。"

我蒙："什么事啊？妈。"

婆婆说："小煜都跟我说了，别担心，你们先安心吃饭，吃完了看我的，对付不讲理的人你就要十分不讲理。你们小着呢，不懂。"

再看陶煜，四仰八叉歪在沙发上，看球赛呢，面前摆着水果拼盘、水和饮料，居然还有一小盘新剥好的核桃仁。

他平常看电视,渴死都懒得起来倒水,这一定是婆婆的杰作了。

更让我大跌眼镜的还在后头。吃完饭,婆婆从容不迫地洗好碗,然后解下围裙,上楼去了。片刻工夫,楼上传来惊天动地的争吵声,婆婆的大嗓门足足压了那个女主人三条街。最后,那女主人无言以对,愤愤关上了门。婆婆不急,从容走开,我劝她回家,这么大岁数别为这个操心,她不回,径直去了物业。物业顾左右而言他,婆婆摸摸手机,说道:“那好吧,我先给消费者协会打个电话问问情况。”又转头对我说:“小惠,你联系下报社的同学。”

物业经理急忙从椅子上站起来,声音都带了三分谦卑,赶紧安置老太太坐下,有话好好说。

不到一个晚上,事情便完满解决,楼上道歉、赔钱。整个过程,陶煜一直都在家里悠闲地看电视,我跟在婆婆后面,看她气定神闲地圆满处理了这件我逼了陶煜一个礼拜的事,不禁倒吸了一口凉气——阳光是灿烂的,而我却忽略了阳光背后的阴影,陶煜莫不就是传说中的奶嘴男?

你就是一个奶嘴男

经过了这件事,我开始多方留心观察陶煜,家里的饮水机坏了,我让他打电话,他却直接打给了婆婆;表姐的孩子做满月,我们应邀出席,临出门,陶煜给婆婆打电话:“妈,我们该出多少份子钱?”

直到有一天，我肚子疼，要陶煜去给我煮一杯滚烫的红糖水。半晌，却听到他压低了声音在客厅里给婆婆打电话："妈，小惠肚子疼，要喝红糖水，你说是咋回事儿？能喝不？……"

我突然气不打一处来，几乎是从床上跳起来直接冲到了客厅，一把抢过他的电话摔到地上，大吼道："陶煜，是你在过日子还是你妈在过日子，时时都打电话去问，你丢人不丢人？"陶煜委屈道："听妈的话怎么了？"

"听妈的话，没错，但你就没有自己的思考能力吗？你是成年男人，你已经结婚了！"

陶煜拥着我的肩膀，撒娇道："我说老婆，想来想去多累啊。听老妈的话，多简单。再说了，生活里这事那事多复杂，一找老妈全部解决了，简单有效方便，何乐而不为？"

"你你，你还有理了，我告诉你，你这样的男人就是典型的奶嘴男。"

陶煜并不气恼："奶嘴男怎么了？多少人想吃奶嘴还没这个福气呢。"

好，那你就躲在妈妈的怀里好好吃奶吧，我惹不起，还躲得起！一边气哼哼回卧室收拾衣服，等待陶煜来拉住我，求我，并且发誓告别"奶嘴"。谁知道，过了半晌都没动静，我悄悄走到门口去听，手机摔坏了，陶煜干脆用座机拨过去，正在询问："小惠发脾气要回娘家，妈，我该怎么办？"

我顿时间吐血三升，谁能保证嫁了这么个男人，每天晚上的活塞运动不是在老妈的遥控下完成的？这日子没法过了。我一咬牙一跺脚，拎着收拾得乱七八糟的旅行箱就冲出门去。

果然，第二天，来接我的居然是婆婆。她谦卑地站在我的面前，满头白发在风中飘着，眼神里都满是求乞："小惠，陶煜是很爱你的，回家吧。"

我沉默了许久，轻轻说："妈，咱们谈谈吧。"

我是慕容复

不过才7天时间，陶煜已经瘦得胡子拉碴，我进门的时候他正埋头在电脑前玩游戏，屏幕上厮杀震天响，见了我，他抬起布满血丝的眼睛："小惠，你回来了。我想死你了哦。"

嗯，撒娇卖乖没有自理生活能力受不了丁点挫折，也是奶嘴男的特征之一。我不动声色，轻轻拍他的后背："乖，去玩吧，我们一起。"陶煜眼睛一亮："你也喜欢。"

当然，谁不爱玩。于是，我在陶煜兴奋的目光中打开笔记本，跟他连线，两个人拼杀闯关，不亦乐乎，一直玩到了半夜。陶煜终于停下手里的游戏："小惠，你咋不做饭？"

我说："这么好玩的游戏谁愿意做饭，要去你去。"他说："我也不会呀。"

"那你就是骗子，结婚前你可没告诉我不会做饭！"

陶煜一脸委屈："谈恋爱的时候我们都是出去吃的

啊。”

我不理他，继续厮杀。陶煜也回来继续玩了一会儿，却明显心不在焉，时不时看我一眼。我说：“陶煜，拜托你专业一点，我已经杀死你好几次了。”陶煜说：“要不，我们明天再玩，该睡觉了。”

“再玩一会儿呗。”

“你明天不要上班吗？”

我一怔，忽然双手捂着肚子倒在地上大呼疼。

陶煜急了：“怎么了怎么了？”

我说：“可能是晚上没吃饭饿的。”

“我去给你找吃的。”他噔噔噔跑去厨房，又噔噔噔跑回来：“厨房里没有吃的，怎么办？”

我说：“先饿着吧，能怎么办，我倒没什么，求老天保佑千万别饿坏了肚子里那个小的。”

“神马……你是说……你是说……”陶煜在我身边转来转去，“你怀孕了？”

我羞涩地点了点头。

他简直要跳起来：“小惠，你怀孕了还玩游戏到深夜，晚饭也不吃，老天，我要疯了。”他几乎是扑过去直奔电话机，铃声响了很久，没有人接。

我在心里冷笑：小样，又给老妈打电话求助。这次不灵了，老妈响应我的号召实行放手政策。我们那天见面我就已经跟婆婆约法三章说明了利害关系，里外夹攻三十六计，一定要让陶煜脱离奶嘴状态，长成一个有责任心有担当的男人。不然，不但婆婆这枚老奶嘴会被吃瘪，陶煜也会渐渐成为一个废人！

陶煜打不通老妈电话，见我疼得直在床上翻滚，束手无策。终于，他以迅雷不及掩耳之势跑出了家门。十分钟后，手机响，是陶煜气喘吁吁的声音："小惠，我现在在麦当劳，24 小时营业的就这一个，你想吃啥，先凑合，明天我就学做饭，保证你和孩子不受委屈。"

放下电话，窃笑，慕容复以彼之道还施彼身还不错。不过，革命尚未成功，同志仍需努力，改造奶嘴老公，这只是我的第一步。

真的，好多人都说现在的世界阴盛阳衰，其实也没那么严重，只是文明迅速发展、工业无限发达，需要体力的时候已越来越少，大家都开始拼脑力了，男人的特征毫无用处，就渐渐退化。奶嘴男应该是时代症候之一，我遇到了，你也要看清楚哦！

换个时代玩“糟粕”

题记：现在离婚率那么高，因为男女平等了啊——两个轮子卡在一起，导致婚姻情感不稳定。

一地鸡毛怎么捡

婚姻是没有模式的，但是婚姻绝对会被烙上时代的特征。比如90后的婚姻，就充斥着谁做家务的争吵、要不要放弃工作生孩子、要不要跟老人一起住等许多鲜明的时代特点。

邹小静遇到的是第一种，但是她的解决方案被我们发到了公司的公众号情感版，太奇葩了。

某一天，邹小静开门，换鞋，衣服都没换就跟跄着把自己摔进了沙发，忽然间又迅速弹跳起来，伴随着一声凄厉的尖叫："谁？谁在那里？"

沙发上懒洋洋送来一个声音："你老公我，梁子栋。"

邹小静这个气："你早回来了就在这儿窝着？怎么不开灯？成心是吧？咱们的口头协议呢？"

梁子栋依旧懒洋洋："我手机有微光，是你没看见，怨谁？再说了，你并列问这么多问题，你让我先回答哪个？"

"好，那我就先问你最后一个，为什么违反约定，先回家不下厨，在沙发里装死？"

"那我问你，下班不回家在马路上举个冰淇淋遛来遛去的人是谁？"

邹小静一下子被说中，有点恼，有点羞，也有点气和委屈。心想，一个大男人，这样跟老婆斤斤计较，这结婚才不到一年，以后可怎么过下去呀？

"你一个大男人，多做一点很吃亏吗？"

"问题的关键就是，我是个大男人啊，你都说了。再说了，你不能无视规则，让我独自承担家务。"

是谁说过没办法和女人讲理的？其实跟男人讲理才抓狂。

"谁规定男人不能做小事？俗话说，一屋不扫何以扫天下，你的脑子还停留在几千年前吧，男尊女卑。如果是这样，女人何苦跟你们一样寒窗苦读十几年，直接学习做饭扫地绣花就好了。"

梁子栋向来不示弱，反唇相讥："我承认我有些大男子主义，可是你难道不承认你自己也有些大女子主义？咱们谁也别说谁，半斤八两罢了。"

早知道就不结婚了，甜蜜和幸福有了，麻烦也多了：吃喝拉撒，人来事往，太多琐碎需要处理。邹小静想享受自由，走的是公主路线——有事就吩咐老公。

但，这样下去谁也不甘心，真不是个办法，于是俩人规定，谁下班早谁做饭，没有做饭的那个洗碗，周末统一大扫除，洗衣服，所有家务平均分。好容易实行下来，这又出了状况。邹小静下班不回家在街上逛，她觉得在这样的情景下做饭很掉价儿。于是，梁子栋的对策很快便出台：下班窝在沙发里玩手机。

梁子栋走的是传统路线，反驳称："凭什么啊，我一个大男人，我是主外的好不好？"

邹小静心里的火轰轰的："你主外，好呀，从此以后我的工资我自己买花戴，房子生活费孝敬老人你都自己掏钱。我就负责收拾屋子做饭捡家里的一地鸡毛，你看怎样？"

梁子栋想了一下，觉得不妥，于是说："咱们又不养鸡，你捡什么鸡毛？"

邹小静不是牙尖嘴利的女子，想想三年恋爱，自己是多么痴迷梁子栋大男人气笼罩下的感觉，怎么一结婚就成了烦恼呢？

邹小静不想吵，也不想在这样的情境下动手做饭，太折辱了嘛，饭也没吃，索性跑到单位去加班——新策划的主题已经有了，需要完善。

黑暗中，邹小静咬着牙，不理会手机一遍遍地响。这期的策划主题是：换个时代玩“糟粕”，针对现代社会中那些不幸福或者濒临离散的夫妻，古人的婚姻是什么样的呢？他们不允许离婚，但是在某种程度上，又好像不是因为被社会道德所约束的。

他们有一套社会道德，其核心就是：男尊女卑。策划需要招募已婚女性志愿者亲身体验，并且每天如实写出体验日记，许多人跃跃欲试报名参加，试试又如何？

盯着一闪一闪的手机屏幕，老公两个字像一个鬼脸。邹小静给自己也报了名，当然，她是化名的。

反其道而试之

第二天，邹小静下班先去了菜市场，拎着大包小包直接进了厨房，菜谱翻开，各种调料一字排开，声势浩大。厨房里烟尘滚滚，梁子栋一进门就吓了一跳，没有换鞋就奔进来：“怎么了怎么了，是不是失火了？”

邹小静刚要举起勺子敲他的脑袋大骂：失火你个头。骂到嘴边却忽然又咽下去了，换上一个微笑：“相公，你累了吧，去看一会儿电视，等为妻奉上饭菜。对了，这些是我今天买的菜，你想吃什么随便点，即时贴在这里，专门方便你点菜。”

梁子栋脸色唰地一下就白了：“老婆，我没做什么错事吧？”

“没有啊，你怎么会做错事呢，你就是我的天，你做什么都是对的！”邹小静将茄子倒进油锅，刺啦一声巨响，梁子栋几乎惊跳了起来，倒退两步，急急地说道：“你是不是偷看我聊天记录了，我告诉你，那女的是我同事，我们讨论的都是业务，你别……别没事找事。”

邹小静背对着他，愣了一下，差点就挥舞铲子砸了回去：好啊你，没事跟女同事热聊，业余生活真是丰富！

两秒钟之后，她改变主意了，仿古婚姻才刚刚开始，不能认输，大不了游戏结束再算总账。那么，幻想一下古代女子遇到这样的情况会怎样呢？她会贤惠一笑：哎呀官人，这红颜知己真是不错，不如我出彩礼钱你把她娶回家里来吧，也好跟奴家做个伴。

邹小静翻了两下茄子，柔声道：“跟女同事聊天有什么，你高兴就好。工作压力那么大，跟美女聊天能减压也是大功一件。”

梁子栋在厨房站了一会儿，慢慢溜回了客厅，是真的溜——一路靠着墙根走。

邹小静上菜的时候，见客厅里一团黑，电视没开，报纸也没动，手机没拿。老公端坐在沙发上出神。

整顿饭，梁子栋屁股跨在椅子边上，好像坐正了就犯错误一样，小心翼翼地吃饭，无声咀嚼，不时用眼睛瞄一下老婆。

邹小静说："老公，你不是一直觉得我不贤惠吗？我查了一下，古代女人三从四德，都很贤惠。从今天起，我就跟她们学，做个好媳妇，你看怎样？"

梁子栋一口饭没有咽下去，急忙站起来，一边伸着脖子咽，一边回答："不用不用，老婆你不要这样……平时，我都是说着玩的……古代女人多傻啊……我是说……"

"你坐下嘛，为什么站着跟我说话？"邹小静撒娇，"拿出当家人的样子来嘛！"

梁子栋说："玩够了没，我神经很脆弱的，给个痛快话吧，我挺得住。"

"从今天开始，我要做个三从四德的女人。当然了，我不会给你纳妾的，现实不许，要坐牢的，所以，这一条免了。"梁子栋听到纳妾，脑袋轰一声，仔细把最近跟异性所有的接触都过了一遍。

邹小静一边给老公夹菜一边说："中国为什么实行了那么多年的男尊女卑和三从四德，其实还是有些道理的，天地阴阳，男女互补，夫为妻纲，就像一个滑轮，很容易继续下去。你看现在离婚率那么高，因为男女平等了啊，两个轮子卡在一起，导致婚姻情感不稳定。"

梁子栋战战兢兢，举着碗迎接老婆的筷子，好几次都差点掉到地上。邹小静憋着乐，心想：这还挺好玩的嘛，一点也不屈辱。

梁子栋却像一只受惊的兔子，吃完饭径直走到厨房，从冰箱最底层拿出了一小叠钞票交给邹小静："私房钱就这些，我想换个相机，没别的了。"

邹小静惊异，瞪视着他："你这是干什么，你是一家之主，你想买什么就买什么。喏，这是家里的卡，以后都归你管吧。"

梁子栋眼睛忽闪："我坦白啊，我初恋是 16 岁，不是大学，这次是真的。"

男人是天，女人是地

这种情况持续了 3 天，邹小静将自己的经历和心得每天交作业，这个策划点击率很高，大家抱着好奇的态度期待。她觉得，自己的仿古婚姻几乎都成了连载小说。

梁子栋战战兢兢几天，发现没有预想中的大爆发，也没有审问，看起来老婆似乎来真的了，渐渐放下心来。他再也不用回家不开灯窝着玩手机，也不再装病逃避买菜做饭，而是下班准时回家。他试过几次下班就向家里跑，邹小静还是赶在了前面，系着小熊围裙，满脸都是温柔和微笑，捧上一杯茶，轻轻说："累了吧，先喝杯茶，饭菜马上就好！"

梁子栋甚至觉得她根本就没有上班，整天都在家里等着他，忙活家务。为此，他还专门找些琐事给老婆单位打电话，结果证实，她是在上班。

哎呀呀，这个女人，葫芦里卖的究竟是什么药呢？

老婆不但温柔贤惠渐长，手艺也渐长，周末专门报了一个厨艺班，认真学习，记笔记；同时还学会了插花，屋子里每天都清清爽爽、香气扑鼻。梁子栋随时都像走错了家门。

一天晚上，梁子栋终于忍不住，放下茶杯说道："老婆，咱们谈谈可以吗？"

邹小静马上放下手里的东西乖乖地走过来，坐到了他的对面："你说可以就可以。"

这个……梁子栋哑了一下，尽管说服自己要自然，但还是受不了剑拔弩张、针锋相对的邹小静如此巨大的转变，他走过去摸摸她的头，还好，没有发烧。

梁子栋清清嗓子说："嗯，是这样的，我承认我懒，还有些大男子主义。其实，那都不是真的，我骨子里不是这样的，我是喜欢看你生气和我斗嘴的样子。所以呢，老婆，以后你不要在冰箱上面准备即时贴和笔等我点菜，也不用报什么厨艺班学习做菜，你这样就是你最好的样子，真的。"

邹小静站起来，走到他面前，轻轻地说："你说你是不喜欢这样的我，还是这样的家？"

"不是不是，都喜欢。"梁子栋随时像要掉进陷阱，连连摆手。

"那就好。"邹小静款款走到厨房门口："男人是天，女人是地。你看，无论我们怎么喊男女平等，这个社会的主宰依然是男人，与其在无法撼动中顽强抵抗、歇斯底里、精疲力竭，不如顺应事实。”她用手一指：“从此，你的要求，就是我的方向。”

老公越是紧张心疼，邹小静越要把这个游戏玩到底，本来是一场戏，可是这样一演，心里忽然一动：还有几个女人，在演戏之外是真正尊重自家男人的？站在女性的角度，自然是越女权越好，可是为什么女人的地位这样高，幸福却越来越多地擦肩而过呢？报纸上，杂志上，网站上，几乎所有的情感板块都在研究怎样保持婚姻幸福，男女平等带来了什么又摒弃了什么，正是她们这期的策划要挖掘的东西。

梁子栋认真地说：“老婆，你说的那些都是封建糟粕，现代女性不需要这个。你想想，现代女人能跟古代比吗？现代女人多累呀，要上班，还要照顾家，单位里当男人使，家里再当用人使，铁打的也受不了，你还是打住吧！”

邹小静歪着头，一脸感动：“老公，有你这句话我就知足了。”

换个时代玩“糟粕”

邹小静发现老公变了，他脱离了沙发阵地，天天抢在前面做事，有时候下班还拐去买菜回来。邹小静只好每天打电话给他：“相公，我买菜了，不要买了。”于是，梁子栋就拐去买一束花。有一天，邹小静加班回来晚了，本来打算出去吃,梁子栋却笨手笨脚地做好了饭。

更可喜的是其工作上也一改往日的懒散和知足常乐,拼命努力,业绩创了新高。当他将厚厚的奖金交给邹小静时,她有了片刻惊异:“我不是把卡给你了嘛,你是一家之主,你掌财政大权。”

梁子栋坚决道:“不,如果你不收,我就扔了,扔楼下了啊,扔了……”

邹小静一把抢过来:“你是不是被我伺候得脑子缺氧了,这可是真钱!”

她自然不会永久扮演古代妇女角色,唯丈夫是从。但是,这次游戏终归不是一无所获。邹小静将最后一篇实验日记点击发送,软软地靠在椅子上,手机响,是梁子栋的声音:“老婆,今天晚上想吃什么,我下厨。”

写完邹小静的故事,我在后面缀了一句话:现代女性在婚姻里玩三从四德的好处是:男人不再认为这是理所当然,从而充满了感恩和疼惜,从而会十倍回报你的“贤惠”。

看来,有些传统的东西,在某些时代是糟粕,而在某些时代呢,又是金玉。

当生活遭遇前任

题记：每个人和前任的关系，都是靠理智控制的，而不是靠情感，这个世界上没有真正情感单一的人。

一

在没有遇到那个女人之前，千禧告诉我，她对老公的前任根本就没有任何感觉，她以为他们相爱，婚姻甜蜜，前任就是不存在的。

五月的第二个星期日，春也暖花也开，阳气上升，浊气下降，千禧早早就穿上了裙子，心情也好了很多，有了飞云流水的感觉。

一大早，千禧就跑到商场买了一套老年装和营养品，来到婆婆家。这样做她是有小小的私心的,母亲节,两个妈,不能厚此薄彼,但是毕竟上午的时间短些,陪了婆婆,下午和整个晚上就都可以跟老妈在一起,逛街,做美容,买漂亮衣服了。不是千禧有心机,有些事情是注定的,比如,只有和妈妈在一起时,她才是那个最快乐最放纵最开怀的小女儿,而和婆婆在一起再装作亲,距离感也存在着。

没想到启东也在。千禧很意外:“你不是加班去了吗?”启东说:“是加班去了,刚到单位就被喊回来了。”然后他的眼睛向里间一挑。千禧望进去,见婆婆正跟一个红衣女人拉家常。

“来客人了?”她问。

启东把千禧拽到阳台,悄悄说:“我说实话你不许生气,也不许敏感。”

千禧浑身一紧,立刻就敏感起来了,说:“那女的是谁?”

启东说:“是我前妻小芸,以前和我妈关系好。这不,母亲节还赶来送礼物。”

千禧的气已经上来了:“她来看你妈,关你什么事儿,你为什么偷偷跑来见面?”

启东说:“别说那么难听,谁偷偷的了。”

正说着,婆婆走过来了,表情很不自然,于是用很夸张的表情掩盖尴尬:“千禧呀,你怎么又花这么多钱。以后不要了哦,浪费。妈看着你们好,比什么都高兴。”

千禧说:“是啊,当长辈的谁不盼着晚辈好呢。”

婆婆于是知道启东已经说了，就说："千禧，这个事儿是妈的错儿，你别怪启东。"

千禧说："什么错不错的，您想多了。"

叫小芸的女人也从卧室走了出来。启东赶紧介绍千禧："这是我爱人。"

小芸说："你好。"

千禧点头，颔首。

小芸说："姐姐一看就是好福气的人。"

千禧说："真正的好福气可不是我这样的，是不劳而获。我整天累死累活当老妈子，哪里来的福气？"

结婚之前，她是知道启东有过一段短暂婚姻的。两个人年轻气盛，天天因为家务而吵架，都年轻冲动，就散了。女的出了国，如今是刚从国外回来。

一年后，千禧穿着洁白的婚纱入住启东的婚房，成了这个家里的女主人。启东把原来的家具电器减价处理，屋子里换上了新的，于是前妻的痕迹都抹掉了，没在千禧这里形成任何障碍。如今前妻突然出现在眼前了，千禧的心才突然一紧：眼前这个女人，曾经和自己最亲密的男人，老公，丈夫，同处一室，一个锅里吃饭，一个床上睡觉。

真让人别扭。

二

那天的午饭千禧都没有吃就出来了，启东跟了出来，不停地解释说离婚后她就出国了，这次回国特意绕道来看妈，妈一高兴，就喊他过来见面。千禧说："见面就见面吧，瞒着我干啥。"

启东一连几天都观察着千禧的脸色，大气也不敢出，好像自己做了什么亏心事。千禧愈发放大了自己心里的别扭，故意冷冷的，拿出十足的敌对样子来。启东下班，给她带了巧克力。千禧说："怎么今天想起来买这个，是不是有人爱吃啊。"说完了自己又后悔。启东的脸阴了一下，又很快晴了，他说："前尘往事就是前尘往事，和现在的生活没有半点关系。我已经两天没有到我妈家去了，她爱住，就让她住去。"

千禧心里安慰了一些。在厨房里煎炒烹炸，心里想着要大度一点，又不是不知道启东有过前妻，只不过今天见到了，受到了直面的冲击而已。她何苦为难自己，总是无限放大老公和另一个女人的曾经。

快要吃晚饭了，婆婆给启东打电话，十分焦急，说小芸犯了肠胃炎，疼得满床滚，要他赶紧去一下。千禧在后面喊："犯病不去医院喊你做什么？"启东一边下楼一边回："她以前有这个毛病，曾经疼晕过去两次，很危险，妈这是害怕，我去去就回。"

千禧气得直跺脚，关上门越想越憋屈，好好的日子，启东是不想过了吗？

一直等到快十点，启东那边还没有动静，千禧在客厅里已经来来回回走了一千步，她手里握着手机，摁了，挂掉，挂掉，再摁，焦躁不已，他们凭什么这样欺负人？后来她走进厨房，把精心烹制的四菜一汤一股脑倒进了垃圾桶，回屋换了一身衣服，冲到大街上。

商业街依旧灯火通明着。找了一间小餐厅，要了两个菜和一瓶酒，自己一杯酒一把泪地喝了起来。启东十一点才开始打她的手机，千禧赌气不接，他就发短信，说从医院回来了，问她在哪里？

千禧回："不用管我在哪里，你和你妈不是都盼着我赶紧离开吗？我现在走了。你们高兴了，好好过日子吧。"

启东说："这不是胡说八道吗？谁盼着你离开了，可是人家大老远的来了也是客人不是，你别无理取闹。"

千禧说："我还就无理取闹了，你想让我装大度装贤惠是不是，我做不到。"

然后她关了手机，找了个酒店住下，一连三天，对启东不理不睬，顺便连婆婆也冷落了。婆婆打电话来解释，说小芸养好了身体马上就走，让她别跟启东闹脾气，还说一切都是她的错。千禧不好说什么，她就是受不了干净纯粹的婚姻生活突然插进一个前妻来，还得到婆婆的喜欢，明目张胆地住着。她那么全心全意爱着启东，全心全意过着日子，就像平静的湖面上，忽然被一个叫作前妻的女人投下了一颗石子，涟漪一圈圈地起着，搅得水面心慌意乱。

在外面住到第三天，启东发短信说："回来吧，再不回来我一个人在家里长夜漫漫又无聊，保不准去探望病号哦。”

千禧说:“有种你就去。”

嘴上说着,心里却着了火。启东是她的男人,他们琴瑟和谐日子美满,要放弃,还真是舍不得。可是越舍不得，越要给他和他妈妈一个教训——前任是不可以随便向家里领的。

千禧会回去的,前提是小芸彻底离开婆婆家,然后启东带着鲜花把她接回去。

三

晚上,跑到酒店五楼去吃饭,反正也就奢侈一回,索性玩到底。千禧盘了发,买了最新款的裙子,裙子是宝蓝色,很衬她的气质。她要了牛排和红酒,还有水果沙拉,一个人打算装出悠闲的样子吃,却偏偏急躁不堪。满脑子都是启东和小芸，这对曾经相爱的人是不是也在一起吃饭呢,断弦都能接上,何况只是断掉的感情。

可是她怎么办？世界上为什么有前妻这种生物呢,既然已经是前妻，为什么又千方百计跑到人家以后的生活中？启东也许糊涂,可千禧是女人,女人看女人,一看一个准儿。那小芸,分明就是想借母亲节看望前婆婆的机会打算复合来了,别以为谁不知道。

正一个人闷闷地吃喝，一双手从后面捂住了她的眼睛。千禧有点恼，也有点欣喜，说：“走开，少来招我，看你的小前妻去吧。”

后面说：“咦，千禧，这么久你都能猜到是我呀？”

天禧转头，脸慢慢地红了，原来不是启东，而是郭小宝。郭小宝是她的初恋，两个人属于青梅竹马，一起上小学中学，在一个街道上居住，好了也不知道有多少年，却最终没有修成正果。因为千禧后来遇到启东了，觉得那种心跳才是爱情的味道，而她跟郭小宝，只不过是兄妹间的亲密而已。

分手后，一度两家见面不说话、不来往。所以，启东是不知道这段往事的。

此时的郭小宝，发了福，穿戴打扮都是成功人士的样子。

千禧说：“小宝，你不生我气啦？还是，专门跑来报复我？”

郭小宝扑哧便笑了：“千禧，多年不见你还是这小家子样，我生你气，可是生得起来吗？我们在一起那么多年，有多少美好回忆。我告诉你，我跟我现在的老婆都说我结过婚的，前妻是一个叫千禧的傻丫头。你别得意，我不是还爱着你，是那感觉，真是……”

千禧说：“你不贫能死啊！”又问：“你结婚了？”

“当然结婚了。我都多大了。”郭小宝说着，坐在千禧对面，目不转睛地看着她，千禧忽然有些恍惚，青葱岁月扑面而来，他们一起逃课，他骑自行车带着她，跑到郊外桃园去偷桃花，被抓住，罚了一个星期的饭钱。还有他们在一起的第一次，不敢回家，在小旅馆里，疼痛、羞涩、欣喜，那种交织在一起的复杂的情感一辈子只有那一次，却遗落在郭小宝那里了。

郭小宝说："千禧，看面色你过得不错啊。"

消失的小芸于是又跳出来，在心上，一跳一跳地疼，如果不是突兀地跑出一个小芸来，她真是过得不错。

一顿饭，许多回忆都衔接上了，与爱无关，又与爱有关。出门的时候，郭小宝熟练地拉起她的手，千禧一紧张，差点滑倒。郭小宝也是紧张的，手心里都是汗水。千禧知道自己应该甩开他，他现在只不过是个陌生人，怎么能随便拉她的手？可是，就是狠不下这个心。他只是理论上陌生，感觉上却如此熟悉。面前这个男人，曾经是她在这个世界上最亲密的人，他们吃一碗面皮、睡一只枕头，后来情断了，可是记忆呢，断得掉吗？

四

和郭小宝分别后，千禧回了家，心里同样是忐忑的。因为她从来都不知道，自己的心里居然还藏着一段情感，这潜意识里的东西就是种子，一遇到水便会迅速生长和发芽。

她洗了澡，等头发干的工夫，见茶几上散落着一些书，有几本是反扣在茶几上的。她拿起来看，都是一些关于顽固多发性肠胃炎的起因和治疗方法的。千禧按照原样把这些收好。情这个字，看不见摸不着，原来每个人和前任的关系都是靠理智控制的，而不是靠情感，这个世界上没有真正情感单一的人。心里装一个前任，留下点回忆，也没什么大不了的。关键是不逾越，就像她和郭小宝，遇到了，叙旧了，到底还是分开，各回各家了。

感情支撑岁月，责任支撑婚姻。

当启东回来的时候，千禧已经在厨房里做出了精致的四菜一汤，算是对前几日一气便宜垃圾桶的补偿。当生活给了你小小的折磨，美食最能补充快乐。启东见千禧在做饭，大为惊异，也大为窘迫，小心翼翼，从后面环住她的腰，说："老婆，对不起。"

千禧说："别说没用的，用行动来证明吧。"

启东从这句话里获得了特赦，献殷勤一样跑到客厅，将那一摞书举到千禧面前："喏，我都在研究她那个病了，快点治好了就回自己家了。"

千禧说："她当然得回，不回还打算长住啊。快洗手，吃饭了，吃完饭还有任务呢。"

启东贱兮兮问："啥任务？"

千禧用勺子敲他的头："给我当搓澡工按摩师。"

谁知道他研究前妻的病是出于关心还是盼着她赶紧病愈离开？当民政局以飞快的速度向这个城市的男男女

女们的心理和过往盖上前任这个印记的时候，谁敢说谁不是前任呢？也许你没有前任，但是，你能保证不遇到有前任的对象吗？

晚上，千禧抽空给婆婆打去电话，询问了小芸的病情，并说明天她和启东要一起去看看她，还大度地叮嘱别喝凉水，小心谨慎。不用看也能感觉到婆婆的紧张，她一连气地答应着："哎哎，都知道，她好了，明天就走了，你们就不用过来看了。"

当平静的生活忽然遭遇前任的困扰，等一下，水面就平静了。前任就是前任，有变成前任的理由，便没有继续留任的道理。婚姻就像开车，掌握大方向就好了，细枝末节，一辈子全都留意着，岂不是要累死？

第五部分 爱·远方

5

趁着堵车谈恋爱

题记:世界这么精彩,到处都可以谈恋爱。

相亲路上堵车的女人伤不起

我一直以为舒逸的最终结果就是通过相亲认识一个男人,然后恋爱结婚。因为她相了太多亲,在我的印象中,她一直都游走在相亲的路上。当然,她的好多工作都推给了我,但为了好朋友能有个美好幸福的未来,我忍。

说来也奇怪,舒逸人很优雅漂亮,有车——虽然只是奔奔,父母还给按揭了一套房子,工作稳定,性格温柔,可是她偏偏就形单影只。尽管一直都在积极相亲,却依然没有结果。

后来,舒逸放话说,放弃相亲这件事了,而我们共同的朋友桃子却不甘心，努力给她介绍了一个又一个男人。

这天出发前，舒逸精心挑选了一条羊绒裙，这样的裙子一红一黑两条，为了穿黑色还是红色很是纠结了一阵子，黑色显气质，红色更鲜艳，在两者之间犹豫不决，最后一狠心穿了红色，搭了黑围巾，化妆，巴宝莉香水，下楼，发动红色小奔奔，出了小区，拐上大街，直奔西城的上岛咖啡厅！

大龄剩女伤不起，自从生日蜡烛插过了30根，她就成了专业的相亲人士，大家本着解救剩女的高尚理由，将自己身边的适龄男士源源不断地向舒逸推了过来。

用她自己的话说就是，媒婆们踩着她的肩膀，迅速升到了道德的制高点——无偿为世界上的两个光棍保媒拉线！一开始舒逸还抱着希望，但慢慢地就失去了兴趣，两个陌生男女怀着同一个目的坐在一起，谈一场以恋爱结婚为重点的话：请问你月薪多少？不到一万。也不少了，到底多少？……两千！

我的车子坏了不如你搭我一程送你回家？极品男处处有，每次相亲都充满了这种让人崩溃的对话！就像是在五星级酒店吃臭豆腐，要多别扭有多别扭，所以这次舒逸直接打了小桃的电话——要去你去。小桃马上打过来："我去你姐夫会杀人，乖，别害我犯法，对方可是个不错的小帅哥哦，其资质专情堪比杨过。"舒逸嗤之以鼻："对于心智足够成熟的小龙女来说，玉树临风的杨过，倒不如一枚光明磊落的尹志平更靠谱一些。”小桃赶紧说：“对，就是杨过的相貌尹志平的身心。”舒逸深呼一口气，这丫为了当媒婆谎言学校毕业证都拿到手了。

一出解放大道，舒逸就傻了，车龙排到了几里地之外，堵得那叫一个严丝合缝。舒逸刹车熄火，一拳砸在方向盘上，该死，怎么偏偏就走了解放大道。

半小时后，车队纹丝不动，小桃的电话震耳欲聋：“不愿去你可以别答应，答应了玩失踪，你活腻了！”舒逸尽量把手机举到远处：“如果你把我的耳朵震聋成了残疾就更嫁不出去了。”

那边说：“姑奶奶，快点行不行，人家等急了。”

舒逸幽幽地说：“堵车。”小桃一愣：“算你丫狠，你再不去我告诉你，绝交！”

“绝精可不可以啊？”堵车容易滋生烦躁，小桃撞到枪口上活该给调戏。放下电话又陷入无聊，堵车时候的男人那真是五花八门，骂娘的，睡觉的，找地方小便的，到处找女人逗闷子的，玩手机的，打电话的……烦躁的空气在头顶飘。突然，一阵悠扬的笛声在车流中传出来。舒逸和许多无所事事的司机都循声望去，舒逸也转头寻找，就发现左侧第三排车队一辆黑色的本田飞度里面，一个年轻的剪影，哇靠！舒逸在心里感叹一声，堵车都能遇见帅哥。她一激动，打开车门，打算横穿车队前去拜访，瞻仰一番。没想到刚下车，车队居然开始挪动，后面的喇叭震天响，舒逸赶紧返回来发动车子，都是司机，这差距咋这么大呢！

寻找的路上也有惊喜

这次的相亲活动虽然准备得充分十足，却以意料之中的失败告终。等舒逸狂飙赶到的时候，人家杨过尹志平的合体已经闪人了，临走时留下了一句话，当然是小桃同学转达的："世界上没有无缘无故的剩女，请舒小姐好自为之，不要以浪费成功男士的时间为兴趣……"舒逸在电话里对小桃噼里啪啦一顿臭骂："我浪费他时间了吗？我的巴宝莉一滴十几块晓得吧，数九寒天穿一羊绒裙老寒腿又增加了几成概率吧；油钱要吧；老娘的时间不算时间吗……"然后赶紧关掉手机，预防小桃反击。

原路返回，发泄完了，心里莫名就想起了堵车长龙中那个侧影，耳边晃动着一抹似有若无的笛声。舒逸好多年没有听过笛声了，当然电视剧里的伴奏不算，那种太专业也太功利了，而刚才听到的那一段却有一种平淡的超然，好像回到了小时候。

车子驶上解放大道，舒逸甚至盼望着再一次堵车，也许还有希望再次邂逅那位吹笛子的小帅哥。然而，这世界上的事十之八九都事与愿违，堵车像喝水一样频繁的解放大道此时居然畅通无阻。

此后，每次经过解放大道，她都会自然想起那个映在车窗上的侧影，和一缕飘浮在浮躁上空的笛音，在一群俗男人中太具有吸引力了。舒逸暗暗给自己打气：我就不信再遇不到你，城市再大，主街主路就那么几条，再说那天她回到车里，恍惚看到了笛子男飞度车的车牌，是本市。

反正闲着也是闲着，与其到处相什么不靠谱的亲，还不如在堵车大潮中给自己找一枚王子，多浪漫，多现成，又多新奇。于是，舒逸下了班就开着车四处溜达，哪儿堵往哪儿开，城市里最不缺的就是交通拥堵。舒逸在车子里备了足够的饮料零食，还有一片成人尿不湿，豁出去了，舍不得膀胱套不住帅哥！连续一个星期过去了，虽然收获了无数搭讪，可偏偏就没有那个吹笛子的。

正是下班高峰，汇丰路上一样的堵，尖厉的喇叭声响成一片，大家急着从这一个点奔到下一个点，却被堵车生生截断了去路，打乱了计划，谁能不急躁？舒逸摇摇头，你们就不能学学人家笛子哥，所以一路目光晃过这些浮躁的人都是鄙视，她在车海中支棱着耳朵，试图寻找到一阵舒缓的笛声。

漫天的夕阳开始飞卷，又一天的时间飞逝而过，自己仍然是剩女一枚，心里的惆怅一层层的。一转头，见隔壁一辆黑色雨燕，一个戴着眼镜的男人正伏在方向盘上看书，周围的嘈杂如同虚无。舒逸心里一动，一个男人的素质，在堵车中是多么一目了然，她几乎是不假思索，下车，很冒昧地敲下了隔壁车窗：“喂，帅哥，借本书看看。”

眼镜男抬起头，随手翻出了一本书。舒逸回到车里，摇下车窗："你真有趣，咋想到在车里看书？"眼镜回答："堵车才是人生常态，与其在堵车的过程中抱怨烦躁，倒不如变换一下，做点自己喜欢的事。任何固化的思维都是可耻的，比如堵车就一定是配合烦躁吗？非也，堵车在一定程度上也说明了一件事——生活水平的提高，物质生活的日益满足。当堵车也变成一件悠闲有意思的事，那么文明岂不是又提高了一成。"

舒逸两眼放光："你堵车看书是对广大司机的一种带动？"

眼镜男低下了头："其实，我是因为无聊。所以在车上准备了几本书。"哈哈，有种捉弄人的小得意。舒逸也笑，她笑的是，当你站在桥头看风景的时候，别人也在窗子里看你。

她看了一小会儿，是一本林达的《西班牙旅行记》，心里一喜，也正是自己喜欢的书呢。偷眼打量，眼镜男衣着得体，眼神干净，不帅，却足够纯良。

舒逸把书握在手里，和眼镜男聊了半小时，后来她把手机举起来，对他喊："告诉我你电话，改天还书。"

剩女都有一颗勇于实践的心

眼镜男果然是单身一枚，工作在东城的一家洗车美容中心，名字叫天羽。舒逸三天后打电话还书，她开车去他的单位还书。中午休息时间，他等在楼下，笑容很温暖很亲切，舒逸突然觉得他像一个久不见面的老朋友。作为地主，天羽请舒逸喝一杯，舒逸也没太推辞。中午的工作餐就在美容中心对面的西餐厅里吃了，轻声慢语，讨论着林达的一系列旅行记。原来他们喜欢同一个作家，原来他们都是喜欢旅行的人，甚至，他们都是相亲活动的忠实反对者。那顿饭吃得很愉快，互道再见之后，天羽还站在楼下目送着她。

那些天，舒逸心情欢畅，和眼镜男天羽不一定能成功，因为他们虽然每次见面都相谈甚欢，但却缺少一种感觉，做朋友真的好，做恋人就差点啥，也就是人们常说的气场。对，就是气场。

舒逸和天羽淡淡交往着，生活中突然多出一个志趣相投的朋友真是很美妙的一件事。她闲了的时候依旧爱出现在堵车大军中，每个剩女都有一颗勇于实践的心，既然相亲和堵车都是无处不在的新生事物，那么在堵车中猎来的爱情岂不是更顺口成章节省资源避免浪费？

在堵车的过程中认识了几个人，渐渐地，舒逸总结出了几点，一要看车，她的目的是尽可能多认识优秀的男人，所以男人不但堵车过程中的表现很重要，车型也要看，太高档的车不行，车子太高档了，一是年龄太老，二是阔少，都是舒逸摒弃的，开丰田的一般都很个性，荣威柔和，越野霸气，中华中和……

她在拥堵的车流中偷眼观察着各色男人，奔波在城市中，奔波在车子的方寸之间。因为周围都是陌生的人，便都脱下了面具，用一张毫不设防的脸张望着世界。

后来舒逸在环城高速路上堵了三个小时，她成功利用这个机会认识了一个IT白领。他在拥堵的车流中掀开后备箱，然后露出一脸失望，等他返回来的时候，舒逸举着一瓶矿泉水笑："是找这个吗？"

白领很惊奇："你怎么知道，这车堵得太久了。"

舒逸说："我看你嘴唇干裂，又翻后备箱又是叹息的，应该是找水了。放心，我车里备货充足，谁让堵车这么家常呢。"

白领说："女孩子就是心细，真好。"

两个人也没有再回车子上，就靠在车位间聊了起来，反正也是无聊，IT男在玩平板电脑，很热情地介绍舒逸玩。她玩得不精，男人很耐心地教她，在车队终于开始蠕动的时候，IT男幽默道："原来男女搭配，堵车不烦。"随后递上了自己的名片。舒逸细心地装到钱包里，那里面已经收集了好几张这样的名片，都是她经过了精挑细选在堵车中认识的，有斯文内涵的男导游，有广告公司充满创意的设计师，有在堵车的间隙跑到空地打拳的体校教练……五花八门，但是他们都有一个共同的特点：在堵车的过程中焕发出了一种从容的气质。她的朋友圈迅速扩大，今天和这个喝喝茶，明天参加那个的聚会，去掉那些结婚的、有女朋友的，剩下的也足够一个很庞大的男友后备队了。再有人要她去相亲的时候，舒逸已能底气十足地加以拒绝，开着她红色的小奔奔奔向这个城市任何一个可能堵车的车队里。其实不用刻意，堵车实在是太家常便饭了，现在她的车里有书、各种零食饮料水，还有游戏机、平板电脑、小熊靠枕，无聊的时候总能打发时间，或者环顾四周没有可搭讪的小帅哥，她干脆就补上一觉。

嘿，你终于出现了

年假之后，舒逸回了一趟老家，赖在家里享受老爸老妈的宠爱，直到假期的最后一天才恋恋不舍地回到城里。果然，堵车了。舒逸没心思看书，也没有困意，看看前面的长龙，索性下车活动一下。突然间，她耳边再次响起了一个声音，尽管中间隔了两个月，舒逸还是一下子就听出了笛音，她迅速在周围寻找，终于发现在后方两米处有一辆飞度，舒逸脸色绯红、心跳加剧，他终于出现了。他会不会有女朋友，是否已婚，会不会觉得这样贸然前去很不庄重？管不了了，舒逸没有犹豫，抢在车子发动之前冲到了那辆飞度面前，用两根手指弹弹玻璃："嘿，打扰一下可以吗？"

她看到了一个男人惊愕的脸，很年轻，很好看，很安静，而且副驾驶座位上没有人，也没有任何小毛毯香水拖鞋之类的女人用品！

你，终于出现了！

幸福就是一起数星星

题记：婚姻之前，总要先有一段爱情才对得起自己和自己的青春吧？太现实的人生，注定无趣味。

一

我最烦长辈们对我说一句话："大家都是这样过，不是挺好吗？"是你们的挺好，但不是我的，我不喜欢一成不变，不喜欢温吞。可是我没有勇气挣脱这个随大流的约定俗成的桎梏。

考大学的时候，选好找工作的专业。毕业后，选择那种男友，忠厚老实，工作稳定，一眼就能看到未来的日子，我反对，但是我却在认真履行。

此时，我的男友叫韩冬，他很好，无可挑剔，可是我不知道我要的是他的这份好，还是真的爱他。我从没有过心动，只有踏实。

四月一日，大家都在玩。于是，我也掏出手机给韩冬发去整蛊短信："我们分手吧……"他回复了一句："别玩这么无聊的游戏，认真工作！"

晚上，我做了两个礼拜的策划案被更年期老女人否了，生理期加上郁闷，一整晚都坐在电脑前很机械地玩大厨连连看！

韩冬洗完澡，将内衣浴巾都洗好晾好，我以为他会走过来安慰我，谁知道，他竟自己爬到床上睡觉去了。

莫名的委屈，我在电脑前大喊："韩冬！"他吓了一跳，从被窝里伸出脑袋："怎么了？"

我不开心，难道他看不出来吗？于是，我充满报复意味地说："小凉的老公给她买了最新款的迪奥小包包，我也要。"

韩冬坐起来，盯着我的脸，认真地说："咱们虽然存了一点钱，可是，我们要结婚的，还要生宝宝，打算创业，最重要的是，那个小包除了满足虚荣心外，实在是没什么用处，款式也不好看！"

每当想向他撒娇一下的时候，都搞得好像是上数学课，最后的结果是更伤心或者昏昏欲睡。

我没有被猪油蒙了心才找了这么一个无趣的男朋友，

韩冬其实也有优点的,那就是善良、诚实,有个稳定的好工作,还有房子,是我父母挂在嘴边的好女婿。

二

父母认定的好女婿是相亲相来的,我在追求刺激和传奇爱情的路上跑得不亦乐乎,一不小心就溜过了二十五个年头。

父母不干了,硬生生行使他们的权力把我给拉回了“正常”轨道——参加各种相亲会。

我条件不错,身材高挑,学历也不低,最主要是自认情商够高,所以挑来拣去,这个太油滑,那个眼神猥琐,下一个抠门……最后二老急了,偷偷跟在我的后面去相亲,结果就选中了韩冬,逼迫我接受他的约会。一来二去,觉得这个男人还算可以,人品不错,没有花花心思。

一个女人想爱一个男人的时候,她就能给自己心理暗示,强迫自己喜欢他,然后这喜欢就会慢慢变成真的,我现在就是在强迫自己的阶段。甚至搬来同他合住,培养革命感情。

一个平淡敦厚的男生,会让人产生踏实的感觉,也能很容易赢得父辈的喜欢,得到更多的表扬。可是,真找了这样的男人在一起,有时却是一件烦恼的事。

韩冬有着高大英俊的外表、沉稳笃定的目光,供职世界五百强企业,年薪可观,车房兼备,也不花心。如果跟这样的男人在一起还觉得烦恼的话，会被闺密斥责矫情的。可是,我确实是非常失落。

记得曾经看到一本杂志上这样写道:“如果一个男人爱你,他会带你去西藏,那里的夜空是最纯净的。”其实,我并不想去西藏看星星,我只是,想寻找一点被爱的感觉和激情。

晚上,我很认真地对韩冬说了西藏,他像看怪物一样看着我,然后去洗澡了。

不一会儿,我就接到老妈的电话,训斥我不好好过日子,总想些歪门邪道的事,并警告我不许再提西藏的事情……难道,这个家伙,以为我疯了,需要老妈来耳提面命一番？郁闷中,韩冬披着浴巾走出来,露出一个洁白的笑容:“宝贝,水已经放好,牙膏也挤好了,我去床上等你！”

我的心里忽然漫过一阵悲凉,难道我的一生就要跟这样一个男人生活在一起吗?我怀着情绪喊了一句:“谁要跟你上床！”赌气披衣下楼。

三

小区拐角处新开了一个西点铺子,老板兼厨师杰瑞是个美国人,喜欢做各种美味点心,我经常去买甜点吃,慢慢就熟悉了。杰瑞有一双淡蓝色的眼睛,喜欢笑,年纪轻轻,常常把点心做成惊人的形状。

我要了一个橘子味的蛋糕。杰瑞说一声 OK 就去后边忙了，片刻之后，一个大大的笑脸蛋糕便出现在我的面前。我晚上不吃巧克力的。我急忙对杰瑞申明，他神秘一笑，身后又出现一个小巧的橘子蛋糕，哇，上面居然用奶油写了字：“开心。”把开心吃掉，你就开心了。杰瑞笑眯眯地告诉我。

“把你的开心都吃下去，我会胖的。”我说。

杰瑞摇摇头：“当生活让我们尝到了苦涩的时候，一定要记得给自己一点甜。心灵的快乐永远要走在物质和身体的前面，这样快乐会多很多。”

杰瑞的眼睛里冒出一颗颗的小星星，我已经很久没有感受过这样的目光了。他说：“你这样美的女孩子不应当不开心的。”连杰瑞都能看出我不开心。

那天晚上，我们聊了很久，我第一次坐在蛋糕店里和一个美国男人聊天，并且是以顾客的身份。他说他出生在一个中产阶级家庭，父亲是医生，母亲是家庭妇女，他大学毕业后便考取了律师资格证。可是，天性“重口味”的他不喜欢按部就班的平淡生活，他喜欢冒险、刺激。于是，开始到处寻找最喜欢的生活方式和——爱情！最后两个字，他是盯着我的眼睛说出来的，我的脸，红了，匆匆逃离了小店。

不错，我作，我作是因为我得不到想要的。

我不一定要去西藏，我也许一生都会平平凡凡做个街巷最普通的妇人。可是，我的青春年华这么短，我希冀着从男人身上能得到那种叫作爱情的东西，它可以让人短暂疯狂，痴迷，心碎，然后甜到哀伤。

四

第二天下楼上班的时候，已经忘记了昨天晚上的事，因为韩冬早就睡着了，我也很郁闷地睡了。早上睁开眼睛时，他已经走了。

杰瑞好像是突然冒出来的一样，出现在我的面前，他的手里捧着一只小盒子，盒子里面是一块小小的心型蛋糕，蛋糕上用中文写着歪歪扭扭的“开心”两个字。他说：“吃下去你一天都会开心的，放心，这块蛋糕我没有加糖，不会变成脂肪。”

我心里一热，空空的肚子立刻感知到食物的香气，咕咕乱叫，好吧，那我就开心一下。谢了杰瑞，心情开朗地上班去，一路上的阳光都是亮丽的。

就是从那一天开始，杰瑞每天早上都会送一块小蛋糕上来，有时候会在蛋糕上插满玫瑰花，有时候赶不及，经过他小店的时候，他会急忙冲出来把蛋糕塞给我。我每个礼拜会集中给杰瑞送一次钱，送了两个礼拜。第三次，他说什么也不要了，一次次硬塞给我。

“你在做生意啊，怎么可以不要钱？”我问。

杰瑞眼睛里闪着明晃晃的光：“我爱上你了，我要追求你。所以，不要钱！”

我吓了一跳，几乎笑出声来，虽然一直都在幻想爱情，却从来没有想过有一天会和一个外国男人恋爱，他好看的蓝眼睛里闪着小火苗，一波波漾动着，充满着期待。

吃饭的时候，我把这件事当笑话讲给韩冬听。韩冬扑哧笑了："居然会有外国人追你，我看你的脸也没有那么东方啊。而且美国人不是都喜欢健康健壮的女人吗？你看看你，胸也不大屁股也不大，而且，他开的那个小店，办一场婚礼的钱都够呛，能赚回来吗……"看着他那个笃定的样子，我的眼前忽然跳出杰瑞笑眯眯的蓝眼睛和他在小蛋糕上摆满的玫瑰花。

在韩冬的嘴里，一切都是要讲条件的，爱情是，婚姻是，朋友也是。大家条件相当才好展开交往，比如跟我在一起，我们的条件就相当，学历，工作，容貌，还有双方的家世。可是韩冬唯独没有算计我们俩的软件条件，那就是情商，他几乎是个没有情商的男人——除去这些外在条件，他真的毫无魅力！

我并没有想过答应杰瑞，毕竟不同的国家和文化带来的差异不能小觑，更何况我还有韩冬呢，两边的父母已经在谈婚论嫁，打算给我们定下日期，我不能不顾及。

没想到的是，自那之后，杰瑞开始了对我的"围追堵截"。他说他爱我，还找到韩冬去要和他公平竞争。韩冬不置可否，因为他觉得几乎是一无所有的杰瑞，和他根本就不具备可比性。更何况，杰瑞是个外国人，大洋彼岸，谁知道他的家世是什么样子，一点都不靠谱儿。

韩冬依然每天早上比我早走，自己在微波炉里热一杯牛奶和两片面包。等我醒来洗漱完毕已经接近迟到，只好空着肚子出门去。

五

七月十三日的晚上，我饭也没做，却洗澡换上了一条白纱裙子。

韩冬从电脑的空隙中抬起头："今天去外面吃吗？那我准备一下。"

我说："你不用准备了，是我自己到外面吃。"

韩冬："那也好，给我带点，我写个案子。喏，钱在这里。"他递过皮夹，又埋下了头。

我忽然就脱口而出："韩冬，我们分手吧！"然后眼泪也跟着下来了，这是我和韩冬在一起的第二个生日，也是他第二次忘记，我其实只想要一束花或者一句甜蜜的情话！

是的，人是无法改变的，我期待浪漫、期待火热的感情，哪怕这感情只存在于婚前也好啊，可是韩冬给不起这些。跟他在一起，我注定会失望、遗憾，也许是一辈子。青春没有那么长，不要等耗尽了再用一辈子的时间去悔和怨。韩冬无法改变自己，我也是。

不是因为杰瑞。我也不一定离开韩冬就会选择杰瑞。

韩冬还在惊愕中，我已经走出去，因为刚才吃饭的时候。我就发现杰瑞不顾物管的阻拦，执意在楼下的花坛里摆满了蜡烛，可能是打算写上"生日快乐"……结果将花坛里的小树烧焦了，从窗子向下望，他正跳着脚跟保安理论。不可否认，看到他那个样子，我的心忽然间被触动，很轻很柔的情愫慢慢升腾了起来。

那天我替杰瑞赔礼道歉之后，跟着他回了小店，我关了手机，喝了酒，因为知道韩冬五分钟就会把我说分手的事情告诉老妈，然后老妈就会打电话来训我，并强行阻止。

喝多了，迷迷糊糊靠在床上睡着了，当再次醒来的时候，发现阳光普照，店里的糕点全部都不见了，门上端端正正贴着转让的启事！杰瑞正在收拾箱子，我疑惑，问他在做什么。杰瑞猛然拥住我："嗨，你昨晚不是说要去西藏看星星，快去请假，我已经关门大吉啦，我的下一个目标就是陪你去西藏看星星！"

我跳起来，莫名地兴奋。

接下来，我和杰瑞去了西藏，我们在月光下骑自行车，躺在小旅馆的露台上看月亮，躲进树林里欢爱。杰瑞站在瓦蓝的天空下大声呼喊："我爱你！"

所有人都说我疯了，只有我自己知道，这样的爱情和人生是多么激情洋溢，连生命也好像延长了，处处都是突如其来的惊喜。突然想到一句话："你不可以延长生命的长度，却可以延伸内心的广度。"

世事就是这样，有的人要笃定，可是有的人要爱情。一辈子很短，激情也不长，对自己好一点吧。

婚姻之前,总要先有一段爱情才对得起自己和自己的青春。太现实的人生,注定毫无趣味,对不对?

我知道会有太多人骂我,我也知道,我跟杰瑞不一定会有结果,可是,我想改变一种生活,来迎合我年轻跳动的心。

有些过去，根本没过去

题记：过去，真的没有那么容易过去的。感情也不是简单的非黑即白，没有好或者不好，只有忘或者不忘。

一

一开始，秦宇是别人的男友。后来，他也没有变成我的爱人，这是我自己的认知。事实上，我们是有过一段时光的。我很喜欢他，喜欢到事情虽过去了许多年，可我还是时常会在发呆的间隙，想到他的脸，和他转身而去的背影，那背影如此好看。

三年前秦宇第一次来找我的时候，我都要睡觉了。一个人的晚上,寂寞像一只兽,无情地噬咬每一寸肌肤,娱乐节目和电视剧毫无趣味。除了早早睡觉外,真不知道该怎么打发。

秦宇一身酒气,眼睛都是红的,一进门就抓住我的手,用十分乞求的语调问:“你知道青青在哪里吗?”

青青是秦宇的女朋友,也是我的同事,我们平时走得还算近,她经常会拉着我一起出去吃饭。所以,我跟秦宇也算熟悉。

“青青,不是上周辞职了吗?她没告诉我要去哪里。”我小心翼翼地说。这个青青,是典型的“集邮女”,她手里收集的男人不知道有多少,从不按常理出牌,泡男人,谈奢侈恋爱,开眼角,割双眼皮,要一克拉钻戒,背名包戴名表,给男朋友送情趣用品当生日礼物,作得够呛。偏偏,男人就是愿意喜欢她,像秦宇这样事业不错家世不错长得也不错的男人就喜欢黏在她身边。老天真是不公平。

秦宇一个趔趄,几乎瘫倒。我急忙上前扶住了他。

“你说青青怎么会这样绝情?她辞职,分手,换手机号,好像凭空消失了,我该怎么办,怎么办?”他扑倒在我身上,几乎哭了起来。

我一时难以承受秦宇整个身体扑过来的重量,几乎跌倒,倒退了几步,让身体靠紧墙壁,以此来支撑他。他是醉了,一个被绝望和酒精击垮的男人,嘴里喃喃不清,都是关于青青的片段。他的头毫无顾忌地拱在我的胸前,痒痒的,一种异样的情愫自心里升起，又落下，好像吹气球，鼓起力气吹进去了，一松气又瘪了。

我费了很大力气才将秦宇弄到床上去，他很快就睡着了。

我抱着被子睡到客厅的沙发上，睡不着，星星们像一只只调皮的小眼睛不停地鼓励着我。于是，我又抱着被子进入卧室，悄悄躺到了秦宇身边。

秦宇这样的男人，安静，阳光，帅气，还痴情，走过路过不宜错过。更何况，青青早就劈腿了另一枚高富帅，和他分手已成定局。这样的时刻，他情感缺失，需要安慰，我正好补上去，结束单身长跑！

二

第二天，阳光明媚，秦宇醒来，果然如我想象的一样，陷入了深深的自责，一叠声地对我说对不起。

我羞涩一笑："没事。你来的时候喝醉了，很快就睡着了，啥也没做，我不会讹你的。"

秦宇也笑了："我是不是很失态？"

我说："还好，失态证明你付出了感情，证明你是个认真的好男人。"

他的脸色瞬间就恢复了落寞，我知道，那是因为青青。

我说："我真不知道青青去了哪里，真是不好意思。"我们这样坐在床上说话，面对面，秦宇的睫毛都清晰可数，我一定也是这样出现在他的视线里的。所以,不经意向上拉了一下领口,秦宇将脸扭开,而且,脸红了。

不出所料,秦宇出于歉意请我吃了饭。只是,一顿饭,他都吃得很落寞,一直都在跟我谈青青。

此后的很长一段时间,秦宇的失落好像找到了缺口,也许,这个世界上只有我愿意无休止地跟他谈论青青的事情。我们一起吃饭,一起看电影,一起散步去看樱花。春天的风暖融融地拂过脸庞,柳枝随风摇摆,杏花落了,桃花开了,小草钻出地面,很快便染绿了城市。

时间是良药,我这个垃圾桶也做得十分称职,秦宇来找我的次数越来越多。

某一天,他帮我换灯泡,我在厨房做饭,茄子一片片煎了,香气在小小的居室里飘散。秦宇换完灯泡,默默地走过来站到我身后,说:"以前都没发现,你真好!"我不能回头,怕自己剧烈的心跳声会吓到他,也怕自己会涌出泪水。是的,我28岁了,身材不错、长相顺眼、性格安静、温柔体贴、工作轻松,可是,我却一直都是一枚悄悄在都市里游走的剩女。是的,我喜欢秦宇这样的男人,我想和他们中的某一个恋爱,然后结婚。现在,终于要开始了。

他犹豫了一会儿,试探着伸出双手,轻轻环住了我的腰。呼吸近在咫尺,我停下手里的翻炒,顺手关掉了燃气开关。他的嘴唇已经试探着滑下来,一路落在我的脸颊、脖子和锁骨上,噼噼啪啪一路绽开花瓣。我们就这样环抱着,贴在一起，像两只黏在一起、蹒跚的熊一样挪进了卧室，衣服一路落地，荷尔蒙却不断上升，如两条搁浅的鱼，互相吮吸着水分，相拥着扑倒在大床上。

醒来后，是阳光明媚的午后，我枕着秦宇的手臂，他熟睡于床的一侧，安静如婴儿。

三

两个月后，我的房子到期，房东趁机涨了房租，我让秦宇帮我应付，说自己的钱不太多。他眯着眼睛说："算了，你先搬到我那里吧，多方便。"我自然明白他的意思，心里像裹了蜜，而表面上却抗拒着，用手捶他："馋样儿吧。"他的房子虽然也很小，却是父母出资买的。这意味着，秦宇打算跟我正式过日子了。我不是不婚主义者，我只想找个差不多的男人结婚。

秦宇找了一个周末将我的东西全部搬到了他那里。我则像一只勤劳的小蜜蜂，将房间里里外外都收拾了一遍，床上用品都换成了新的。锅碗瓢盆清洗一遍，厨房添了烤箱，每天早上早起做健康美味的面包吃。

面包出炉，豆浆或者果汁榨好，我叫秦宇起床吃饭，然后我们俩一起出门上班。晚上下班，我会带一点儿新鲜蔬菜，做饭。俩人一边看电视一边吃。有时候，我觉得自己已经和秦宇做了夫妻，我们每周做三次爱，和谐美好，他赞我鲜如蜜桃，我觉得他孔武如运动健将。

他会在吃饭的时候为我夹菜，剥虾，会在下班早的时候跑去接我。我们之间已经很少再提起青青，青青留在我们心里那段共同的过去，越来越远。

我静静等待着秦宇求婚，也做好了一切准备，裸婚也无所谓，我只要相爱。

秦宇生日，我一大早就起床买菜，打算在家里做一顿大餐。做饭的时候，他倚在门框上，抱着肩，看着我做饭。岁月静好，地老天荒。突然，他说："青青，你做饭的样子真的很好看！"

说完了，我们俩同时愣住了，秦宇意识到自己的失言，急忙道歉："对不起，我不是故意的……恍惚了。"

我的心里却渗上一片凉意，我知道他不是故意的，他这样说，想必青青曾经在厨房里为他做过一餐饭？

那顿饭，谁也没提青青，俩人低着头吃，客气而生硬。吃完，我收拾碗筷，他走过来，依然从后面环住我，将脸贴到了我的背上。

"你是不是也经常这样抱着青青？"我被自己脱口而出的这句话吓了一跳。我不想这样的，我说过了会给他时间，让他清空曾经。

另一次，是我们在床上颠倒的时候，他突然叫了一声："青青。"

我对自己说，一个人总会保留一些过去的生活习惯，没事儿，我们目下在一起，不是很好吗？

四

一切都没有改变,可是一切都改变了。秦宇对我貌似更好了,经常会买礼物给我。我却失去了平静,我知道自己进驻的方式太过急促,也包含了许多小算计,可,我是真心的。

我越来越喜欢收拾屋子,秦宇出门的时候,玩游戏的时候,睡觉的时候,我都在给房间做彻底的清洁,我换了两只清洁手套,买了新的抹布和拖把,甚至是擦玻璃器。我想要多多地做事。

一段时间过去,我分别在卧室床头柜最底层的小抽屉里发现了一枚装有青青照片的相框和半盒杜蕾斯;在衣柜最里层找到两件蕾丝内衣;在书桌下面发现了一个发夹;在秦宇的电脑底下发现了一张纸条,上面写着:“思念像一条河,我以为我找到了桥能顺利走过去,却淹湿得更多……”我私自打开了秦宇的电脑,他原来从没有放弃过对青青的寻找。各大网站都有他发的帖子。我好像是存心自虐,期盼着更多的刺出来扎我,狠狠地扎我,然后名正言顺地受伤。

我一天都没有出门,没有开机,没有吃饭喝水。直到秦宇下班回家,在角落里找到我,我的手里还攥着那张轻飘飘的纸条。我其实是希望他告诉我说,这张纸条是很久以前写的。可是他说:“你到底看到了。对不起,我不是故意的。”

我忽然悲从中来，他说他也想重新开始，所以，一直都在努力保持。其实，结婚也是可以的，如果我觉得他亏欠我太多的话。

看着秦宇小心翼翼，我突然笑了，笑得很苦涩。

我太自信了，觉得作为女人，我具备了贤妻良母的资本和条件，一定能在最短时间内拿下秦宇，让青青自此成为过去。

可是过去，真的没有那么容易过去的，感情也不是简单的非黑即白，至少在秦宇心里，没有好或者不好，只有忘或者不忘。这么长的时间，青青一直都在秦宇的心里，甚至是他们一起生活过的房间的角角落落。我拼织出了许多的自责，将他包围在里面，他只好偷偷地想念、偷偷地寻找。

五

我黯然搬出了秦宇的家，他来送我，满脸都是歉意。秦宇是个善良的男人，适合相爱与结婚的男人，但是，他始终都不属于我。

来到新的住处，秦宇帮我搬行李，我打算自己搬，两只手再次搭在一起，又同时缩回去。我的手冰凉，他的手汗津津的，一笑，疏远而客气。际遇有时候就是个巨大的讽刺。

我故意跟酒后的他躺在同一张床上，我不断地和他说青青的往事，我给他做饭，陪他散心，我包揽了全部家务……这所有的一切，都像是一个礼物，秦宇他接受，却没有领情。

我给秦宇发了最后一条信息，那是青青老家的地址。他去不去，已经跟我无关。

最近得知，他终于得到了青青的心，他们结婚了。我想，他真是个好人，特别的人。我用了许多时间来忘记他，我动用了我的所有理智。于是现在，他成了残存的记忆，就像卸载软件没有卸载干净，留下了一些边边角角占据着少量内存。

维尼寻爱之旅：有多少漂泊的爱情等待回家

题记：其实，我们都明白，宠物寻爱，只是一个方法，重要的是，给悔过一个机会，也让每个寻爱的人都心存希望。

九江坐在我的对面，讲述着他的故事，我则把玩着手里的毛绒玩具。无法联想，这些毛绒玩具能够承载如此浪漫忧伤的爱情之旅。

他是我姐夫的朋友，我们见过几次，最初听到他们的事时，我简直太惊讶也太感动了。我曾经想过让美然来讲这个故事，可是九江执意要自己讲给我听，他愿意这个故事被更多的人看到。

他说那是 2012 年 8 月 16 日。

早晨，我翻个身，习惯性伸手去抱身边的美然，却抱了个空。睁开眼睛，才发现美然那半边床居然是空的，被子叠得整整齐齐，一只憨态可掬的维尼熊坐在那里，瞪着小眼睛看着我。

美然是最爱睡懒觉的女孩子了，怎么会在昨夜喝了那么多酒之后还能这么早起床呢?我有点担心，翻身坐起来，喊了两声美然，屋子里没有一丝动静，转动着脑袋在房间里搜寻，就发现了维尼熊屁股底下居然压着一张小纸条，上面写着一段话:“九江，对不起，我走了，这样的爱情让我很厌倦。你是个好人，还是忘了我吧……”

宝贝，去帮我把爱情找回来

我和美然是一对同学恋人，从大二时就开始好，如今毕业两年了，一直都感情不错，美然怎么会说走就走呢?让人百思不得其解，我找遍了美然可能去的地方，公司，辞职;打电话，关机。回想下昨天晚上，我们在小小的出租屋天台上喝红酒，吃月饼，猜谜语，说情话，一轮圆月如明镜……心里很不是滋味。这个社会是不是真的太喧嚣浮躁了，今天还是深情恋人，明天就会转眼东西？当爱情像市面上的大萝卜一样泛滥和不值钱，容易得到是不是也就意味着很快失去?

连续三天，美然没有一点消息，我把自己关在屋子里，喝酒，发呆，怀里抱着维尼熊，那是我送给美然的第一个礼物，她十分珍惜。我确定，忘不了美然，忘不了那些纯真的记忆，我想她，拼命想，我愿意努力，给她更好地生活，然后我们白头到老。可是，我找不到她。晚上，屋子还黑着，没有开灯，维尼熊在我的怀里，有着淡淡的熟悉气息，那是美然的。有月亮的晚上，她都会把维尼熊搂在怀里，目光散淡地看月亮。她说这时候的月亮，是雾蒙蒙的，像一个梦。

宝贝，你能不能帮我把爱情找回来？我低下头，无法抑制内心涌动的思念和失败感，只好对着维尼熊喃喃倾诉。月光透过窗棂淡淡地落下来，落在维尼熊的身上，它的小圆眼睛依然瞪着我。

我忽然被自己一个大胆的想法吓了一跳，怎么不可以呢？如果真心期待一段爱情，那么，为何不付出实际行动？美然最喜欢浪漫，我要用最浪漫的方式将她找回来！

我想起几天前和美然一起看的一场电影，一个失爱的女子，为了寻找失踪的爱人，将心爱的宠物漂流了大半个国家，无数人参与到这场真情寻找中。最后，男主人公终于感动了，带着女子漂流出去的宠物回到了女子的身边，过上了幸福的生活。

我也可以这样做的，是不是？

我将美然最喜欢的维尼熊打扮了一下子，在它的小口袋里放进去一张信纸，用维尼的口气写道："我是为自己的主人寻爱的，请收到我的好心人把我发往下一站，然后在我的口袋里签上你的名字，我会感谢你的……”在维尼的后背上，我用碳素笔写下了几个大字：“寻找美然！”还有我的电话。

然后，我将维尼熊放到了昼夜肯德基外面的长椅上。远远地，我看到，一对情侣坐在那里歇息，然后女孩子拿起维尼熊好奇地看了看，并向四周张望。我在心里祈祷：宝贝，维尼，去帮我把爱情找回来！

维尼的旅行

时间一分一秒地过去了，我无法掩饰心里的忐忑不安。会有人将小熊传递下去吗？它会不会已经被扔进了垃圾桶？迷迷糊糊地睡着了，再睁开眼睛的时候，已经是下午，一缕夕阳打进窗棂，天空中飞着一只倦怠的鸟儿。肚子饿，起床去厨房找吃的，发现桌子上的手机显示有一条未读信息，难道是美然？我欣喜地打开，却是一个陌生的号码：“帅哥，维尼已经到了我的手上，给你发一张照片哦，不过，我不认识美然。所以，现在，我要把它放到人民公园的长椅上。你的这个创意很浪漫，祝你成功！”

我欣喜若狂，看来，我的维尼寻爱之旅已经正式开始了！

接下来的几天，我不断收到来自四面八方的短信：“维尼已经到了南阳路，我开车到南阳路办事，特意将它放在了商务中心的休息厅。”“维尼已经到了明珠商厦……”一个保安将维尼放到了书报亭。一位女士发来信息说:“维尼有些脏了,我给它洗了澡,并用笔把你的字迹又描了一遍,愿有情人终成眷属……”

我无法抑制自己激动的心情,似乎每来一条短信都会让美然离我更近一点,她很快就会回到我的身边。

我把这些短信和照片,还有大家的祝福,专门收集在一起,分分秒秒地注视着维尼的情况。可惜的是,参与进来的热心人越来越多,美然却一点消息也没有。转眼一个月过去了,维尼走了许多地方,依然是孤零零的毫无希望。难道,我这样做是无用功?我又一次陷入到沮丧中。

维尼自己回家了

十月,树上的叶子已经开始飘落。也许,美然真的不会再回来了,每天走在街道上,心都是空落落的,美然不知道在什么地方,维尼也不知道在什么地方。时间过去了这么久,《城市晚报》还报道了维尼寻爱的事情,虽然还是会不时收到热心人的短信,告知维尼的具体方位,可是,我的心里已经没有那么欢欣鼓舞了,因为我不确定,美然会不会看到维尼、会不会回来。如果,她再也不会在我面前出现,我还做这些到底有什么意义呢!

我不会甘心,为了美然,为了那些甜蜜和美好,我一定要再次努力。于是,我将美然留下的几个毛绒玩具和公仔,都像维尼一样,写好了地址和我要说的话,分次将它们投放到各个公共场所。经过了维尼之后，我相信，所有人都是善良的，大家都喜欢看欢喜的结局。所以，总会有人把维尼捡回家，洗干净，再送出去，继续漂流。

十月底，我出差到了南方一趟，大概一个礼拜，回来的时候已经是晚上，风很凉，下了出租车，风衣就开始飞舞，我裹紧领子，三两步便进了楼宇门。电梯不知道为什么停运了，我一步步向楼上爬，爬到家门口的时候一下子就愣住了——随着声控灯的亮起，我发现，维尼端端正正坐在防盗门边上，它的耳朵不知道为什么耷拉了下来，身上的颜色也旧了，但是很干净，寻找美然几个大字换成了红色的，更加醒目、清楚了。

维尼，回家来了。那么，你找到美然了吗？

我将维尼抱进屋子里，放在美然用过的一张小凳子上。经过了这么久，它身上已经没有一丝一毫美然的气息。

我一边洗澡，一边想，维尼回来了，却没有带回美然，我是不是应当选择放弃呢。

奇怪的是，第二天，又有一个毛绒玩具回到家里，依然是在我下班的时候“坐”到了门口。我拿起它来，左右端详，没有什么不对，只是比送出去的时候脏了一点点，字迹也描成了红色的。第五天，第七天每天都有一个毛绒玩具自己“回到了家”门口。

忽然，我的脑子里灵光一闪，虽然是我在利用这些玩具寻找美然，可是，那些热心人只知道我留在玩具上面的电话，根本没有人会知道我的家庭住址，难道真的是美然回来了？那么，她为何不出来见我呢？

有多少漂泊的爱情需要回家

果然，周末的傍晚，我因为在房间里消磨了一天没有吃东西，傍晚，就打算下楼去小超市里买点吃的。刚刚走到楼下，发现忘记带钱包，于是又折了回来。

门口，站着一个窈窕的身影，紫色羊绒裙，黑色达芙妮短靴，正蹲下身去，将一个毛绒公仔轻轻放在门口。美然，你终于回来了！我激动不已，大喊一声奔过去，美然骇然转过身，可能是没料到我会这么快回来，脸上是一派愕然，嘴巴张着，眼睛也瞪得大大的。借着亮起来的灯光，我发现美然的眼睛大张着，那么惶恐和迷茫。

美然，你回来了？

美然转身要走，被我一把拉住了。

那天，我终于听到美然亲口对我讲她为什么会离开我。我们从大学时就开始在一起，一直都平平淡淡，这么多年了，她忽然厌倦了，觉得这样的日子真是无趣，就果断离开了我，关了机，辞了职，躲在这个城市的一个角落里，打算开始新的生活，她以为我也是这样想的。没想到，她走之后，我会用那样的方法来寻找她。实际上，她早就已经知道我的维尼寻爱举动了，她很感动，也觉得自己太轻率了，打算回来找我。可是此时，她又交往了一个新男友，虽然由于种种原因最终分手了，可是，到底要怎样回来面对我呢?她一直都在挣扎、犹豫、不舍、惦记，于是，一点点，任维尼漂流下去。她对自己发誓，如果，如果，在这个城市飘来飘去的维尼熊真的能到她的手里，那么，她就带着维尼熊回来找我。也许是天意，一次在公园里休息，她竟然在休息的长椅上发现了维尼熊……真是百感交集，美然将维尼带回了家，然后，又找了机会给我送回来……后来，她干脆将我送出去的、带着我俩记忆的毛绒玩具都买来一模一样的，写上和我相同的内容，她是想用这样的方式告诉自己，鼓起勇气，回来吧。可是，一直一直，她都害怕，就只好不断地买来那些一模一样的玩具给自己打气。

你，会不会怪我？美然张着大眼睛，一片晶莹。

我拉起美然的手，心里忽然无比笃定，生活中总会遇上这样那样的事情，但只要有爱在，就是美好的。

宠物寻爱之旅

经过了这件事之后，我们对彼此更加珍惜。美然恢复了温柔的本色，还是会在有月亮的夜晚怀里抱着维尼熊，坐在地板上看月亮。一天，她突然扬起脸来告诉我："九江，其实，这个维尼熊也是我买来的，我是为了给自己一个回家的借口。走了之后，我才发现我爱你，如果不是维尼，我想我没有勇气回来。"

我哈哈大笑，我早就知道啊，但那又怎样，我的目的是美然,可不是维尼熊!

2011 年元旦,我和美然举行了婚礼。在婚礼上,许多参与过维尼漂流的朋友都来了,带来了最真挚的祝福。一个很清瘦的女孩子在祝福我们的时候流下了眼泪, 她说,她因为一时任性,和男友吵了架,男友一气不归,她现在很后悔,真的非常羡慕我们。

我灵机一动:其实,只是一点小小的厌倦和任性,有时候便真的失去了一段美丽的情缘, 为什么不坚持一下呢?我为何不可以做这件事情,让更多的有情人有后悔药可以吃,最后终成眷属?

元旦之后,我和美然没有度完蜜月,便风风火火地开始了我们的宠物寻爱之旅第一步——利用我们的经验帮助那些失去爱的人。一开始,只是几个相熟的朋友在我们的授意下开始了宠物寻爱的浪漫之旅。后来,有越来越多的人开始参与进来。一时间,这个小小的城市到处都漂流着寻找爱、传递爱的玩具宠物。

既然存在那么多不经意的失去,为什么不能将失去变成另一种获得呢!我和美然每天下了班都会将朋友或者朋友的朋友们指定的玩具或者物品,写好文字,放在人流如织的公共场所,让它们带着主人的爱与诚意,在每个善良人的手中漂流。

九江能寻到美然并不是一个必然,这个偶然之后的幸福才是必然。

其实，我们都明白，宠物寻爱只是一个方法。重要的是，给悔过一个机会，也让每个寻爱的人都心存希望！

有爱的男人就是好男人

题记：之前一直以为爱情应该是两棵平行的树，而不是一棵挡住另一棵的风景。现在她明白了，在爱情里，他是金，就会把你当宝；他是草，就会当你也是草！

爱与钱的关系是不是真的此消彼长

不知道是谁开始传播这样一个观点：只有穷男人的爱才是真爱，有钱男人爱的都是女人的美色。而哪个姑娘爱上了一个穷小子，周围便会发出一阵啧啧声；若是爱上了一个富二代，就会很八卦地觉得，姑娘爱上了人家的钱。

在爱和钱这场拔河赛中，总是穷更胜一筹，误导了太多人在错误的路上越走越远，与幸福背道而驰。

洛月说："不是这样的，爱一个人，首先要抛弃对外在因素的偏见。不能因为人家有钱，就受到歧视！"

我深以为然。如果你爱一个人，他有钱也要爱；如果你不爱一个人，他再穷也不要凑合。

每天下班，洛月都会随着人流跨出办公楼，一天的倦容已经都写在脸上了。

良鹏会准时出现在大楼的阴影里，雷打不动。白色花冠纤尘不染，良鹏像个绅士般靠在车门上，眯着眼睛，丈量着洛月到自己跟前的距离。洛月通常都是小跑着冲过来——不用装！既然不想跟他发生什么，那装来何用？在心里，洛月对良鹏是有抗拒的，这抗拒不是因为他不够好，而是因为他太有钱。

一开始，洛月就是这么个傻姑娘。

良鹏在一家合资公司工作，据说还是个什么头头，月薪上万。虽然追洛月死心塌地，可终归心里不踏实。而良鹏也不气馁，依旧上班送下班接，完全不理会洛月的拒绝。

洛月坐在良鹏的车里，一路叽叽喳喳。良鹏偶尔插言，也大多是到哪里吃饭、吃中餐还是西餐这些需要洛月决定的问题。洛月也有良心不安的时候，蹙着眉问："为什么对我这么好？"良鹏俯下身子，用手臂将洛月圈起来，低低地说："因为我想让你做我女朋友！"这语调配合着深情款款，男性荷尔蒙雾一样在洛月四周飘散氤氲开来，她有点把持不住了，只好大声说："我不答应，你太有钱啦！"

良鹏站直身子："让我猜猜，你怎么这样仇恨钱？"洛月不高兴了："谁仇恨钱了？"良鹏说："你这就是仇富！"洛月扭头："谁仇富啦，我是看不惯。"

良鹏难免委屈："你看不惯我什么啦，我改还不行吗？"

乔剑的牛肉面

尽管洛月一点也不喜欢吃牛肉面，可是乔剑喜欢吃，也不是乔剑喜欢吃她就必须迎合着吃，而是，乔剑也在追求她。二十三岁生日，乔剑当着公司里众多的同事面，举着九朵红玫瑰在众目睽睽之下插进洛月办公桌上的瓶子里。"晚上一起去吃饭吧"，乔剑随意地发出邀请，洛月的脸腾地就红了。

乔剑请的牛肉面，用他的话说就是，这叫长寿面。像他们这样的公司小职员，注定不敢进西餐厅、不敢玩浪漫。洛月是懂得的，可是懂得并不代表不失落。虽然二十三岁了，虽然很应该谈一场恋爱，虽然乔剑人品不错相貌端正，可，仍然是少了点什么。这一餐饭吃到尾声，乔剑终于开了口："洛月……以后能不能不要那个家伙来接你呀！"

洛月愣了愣："哪个家伙？"然后突然想起来，他指的一定是良鹏了，就咯咯笑了："你说他啊，我们不合适的。"乔剑放了心，将面前一碟肉丝夹了一筷子，堆到洛月面前的碟子里，笑得阳春白雪没心没肺，忽然笑容一收："做我女朋友吧！"

饭吃到最后，洛月终于明白自己的失落是什么了，原来是这家的牛肉面并不好吃，像嚼蜡一样，不是感觉，是胃在作怪。这样想的时候，就释然多了，没有拒绝乔剑伸过来的手。但是，手握在一起了，身子却还可以保持距离。乔剑的手很大很干燥，洛月的手却湿漉漉的，乔剑主动走在马路外侧，这是不是传说中的安全感呢？洛月在心里瞎想。不时和身边的人流发生碰撞，偷眼看乔剑，他唇边挂着一抹笑，那笑干干的，带着某种阴谋，是志在必得的样子。这让洛月无端地有些反感，轻轻浅浅的，却真实存在。

哪一段缘分能长久

生日过后，乔剑就俨然成了洛月的护花使者。加上办公室里早已经传开了他们两个人的恋情，为了安抚母亲，洛月也就顺水推舟。据说，乔剑已经首付了一套小房子做婚房了，公司里的几个女孩子都羡慕洛月有福气。乔剑会在茶水间偷偷亲下她的脸蛋，那个感觉倒也甜蜜。

乔剑工作认真，提成也不少，现在，他更是将洛月那一份工作也揽到自己身上，每日做报表，偷偷将资料带回自己的办公室去，做完了再送过来。洛月乐得清闲，反倒常常想起良鹏了。

隔了窗看去，良鹏的车子停在阴影里，很有些落寞的意思。洛月想起了刚刚和他认识的情景。那天洛月被母亲逼着去相亲，却认错了人，当隔壁屋子里真正的相亲对象苦等恼怒时,洛月已经跟良鹏聊得热火朝天,互留了电话地址,喝下了两大杯咖啡……奇怪的是良鹏居然不揭穿,还主动埋单送客,事后殷勤来电相约。

良鹏说:“你相不相信这是冥冥之中的缘分,我那天本来是去一个人散心寻安静的。”洛月不接话,还是那句话,他太有钱了——住复式大房子,洛月望而却步。

洛月唯一的人生愿望就是要很多很多爱,她坚信这爱在钱的基础上定会贬值得厉害。当年,父亲如果不是有了很多很多钱,母亲也不会如此孤苦。没有钱的人就一定不变心吗?不一定,但是,他不具备变心的条件——洛月望着良鹏的车子,这样安慰着自己。

加班事件

乔剑在下班的前一分钟将报表送回来,拍到洛月的办公桌上,用几乎是吼的声音说:“我没空做,你自己做完吧!”洛月的脑袋里轰的一声,自己做,这是明天老总点名要的报表啊!乔剑不是说已经替自己做完了吗?这么想的时候,眼泪已经下来了,却被她给生生逼了回去。自己做就自己做,谁稀罕你!洛月甩手,乔剑眼睛里要冒火,终归忍回去,转身走了。洛月知道他为什么这样。良鹏大概是有些失去信心,少了以往的气定神闲,下午居然订了花来送,办公室里洋溢着甜甜的花香,洛月心里有些美也有些酸。

但是顾不得难过,她要做报表,将电脑里的数据一一核对，再计算，做表格。肚子咕咕叫，夜色已经一层层漫上来，开了灯，则更显出外面的黑。整个楼层静得可以听到心跳的声音，窒息了一般。洛月胆子小，晚上经过客厅去卫生间也要打开所有的灯。如果有人看恐怖片，她则连电脑的边都不敢靠。此时，一点小动静也可以让她心惊肉跳，数据在脑子里愈发模糊，想到明天早上老总准备看，就急，越急就越出错。洛月打开手机，给乔剑打电话，铃声响的时候她就委屈了，不过是别人送来一抱花，自己又没做错什么事，乔剑凭什么这样啊！

乔剑说："为什么还要接受他送的花，不是说你们不合适吗？"洛月将声音压了下来："乔剑，来接我好不好？我害怕！"乔剑顿了顿："你借口都不会找，那以后他送的花不许你要行不行！"洛月突然来了气，狠心扣下了电话。

敲门声细细碎碎响起来的时候，洛月正打开办公室所有的灯，泪水涟涟地盯着报表发愁。良鹏犹疑着打开门："我见你一直没有出去，就……上来看看！"洛月盯着良鹏的脸，他瘦了些，可仍然干净。她本来以为是乔剑，见是良鹏，心里一酸，忽然哇地一声哭了起来。

你那么傻，为什么还在门口等？良鹏好像无话可说的样子："惯性吧。"但是他的眼睛出卖了他，那里有无数的伤和痛。

你知道抗拒又被吸引是一种什么滋味吗？

第二天，乔剑照例带了早点来放到洛月的桌子上，眼角一抹笑靥："吃吧。"洛月冷着脸说："滚！我害怕的时候你哪里去了？"

"害怕，你有那么娇气吗？"乔剑吐字很轻。

洛月盯着他，突然间就怒从心起，拎起早点摔到了他的白衬衣上。乔剑狼狈不堪，眼睛里差点喷出火，失控般指着洛月的鼻子喊："你知不知道自己在做什么？"

乔剑突然像只好斗的公鸡！洛月奇怪的是自己居然没有伤心，却转头给良鹏发短信："你知道抗拒又被吸引是一种什么滋味吗？"

良鹏回："我只知道被深深吸引又不得近前的滋味。"洛月看着蓝色的手机屏幕，笑了。

这一天，良鹏是出现在办公室门口的，他的手里依旧捧着花，对着每一个人点头微笑。洛月一手拎起包，一手就挎上良鹏的胳膊，心里甜滋滋的。一帮同事包括站在广告部门口的乔剑，全都目瞪口呆。

这一晚，良鹏带洛月到湖边看月，洛月没有拒绝他的肩膀，而且她发现这副肩膀靠上去是如此舒服。她期待着他再次说出那句话。可是，良鹏只是看月亮，夏夜的月亮凉而大，笼罩着忧伤。

爱情是两棵树

乔剑在妥协，他有几次试图将洛月手里的报表做完，可是她不领情。曾经他的胜算是因为爱情之外的东西，是洛月对现实的不确定和妥协。而现在，她只想忠于自己的内心，所以，乔剑失去了竞争力。

最主要的是洛月突然发现，在房价飙升的今天，自己的房租却有所下降，如果不是这所房子闹鬼的话，一定是事出有因。洛月以一瓶香水的代价轻松换来了房东阿姨的实话："你是遇到贵人啦，当然是有个年轻人每月将差价付给我啦，他是怕你因为钱而委屈了自己……"

两个月后，和良鹏一起出去吃饭，洛月站在牛肉面馆前，贪婪地吸着鼻子："好香啊！"她还穿着职业装，紫色小丝巾在雪白纤细的脖子上打了个飞扬的结。一边的良鹏就笑了："听你的。"她知道受次贷危机影响，良鹏的公司薪水减半，他投进股市的钱大幅缩水，已经是艰苦度日。不过，她现在能接受他不是因为他没钱了，而是因为，她发现自己实在是爱他，这爱和有钱没钱没有半毛关系。

让洛月奇怪的是，这家牛肉面真的很好吃！再看良鹏，也已经笑眉笑眼地吃下了一大碗。原来，食物可以吃出爱情的味道。

在热气氤氲中，洛月抬起头，对着良鹏微微一笑。洛月接着说："我能不能搬到你那里去住？我是说我辞职了，失业了，没有钱租房子住。"

"好吧，我可以先搬到我父母那里去。"

"我们不能住到一起吗？"

良鹏瞪大眼睛,将面条费力地咽下去:“你一直不答应做我的女朋友,可是现在……我没钱了你真的愿意做我女朋友？你是真的跟钱有仇吗？”

洛月的脸热了一下,马上就娇嗔着挥过小粉拳:“总好过你偷偷替我付房租！”

良鹏将面前的面条推开,拉着洛月的手,一阵风般奔回了自己住的房子,从床头柜里翻出一枚钻戒举着,就跪到了洛月面前:“请你嫁给我！”

原来,你早就准备好了……洛月的眼眶有点潮。什么有钱人和没钱人,只要有爱不就行了！她顺势扑进了良鹏的怀里。

之前一直以为爱情应该是两棵平行的树,而不是一棵挡住另一棵的风景。现在她明白了,爱情里,他是金,就会把你当宝;他是草,就会当你也是草!

有钱没钱不重要,有爱没爱,很关键。洛月很聪明,也很幸运。